돌탑 사이로
꽃등이 흔들리고

# 돌탑 사이로
# 꽃등이 흔들리고

박계연 시집

세종출판사

| 시인의 말 |

경부선 철길 옆에 매화와 목련이 필 때마다 그 경이로움에
얼마나 가슴 설레었던가.
오월 이른 아침 베란다에 핀 자스민 꽃봉오리들이
초롱초롱 빛날 때마다 얼마나 설레었던가,
그런 마음으로 시를 썼다.
그리고 첫 시집을 조심스럽게 세상으로 내보낸다.
첫아이를 낳을 때처럼 떨린다.
나도 모르게 시 쓰기에 이끌려 여기까지 왔다.
시 쓰기는 철길 옆에 핀 매화 향기처럼,
하얀 목련의 순결함처럼 순간순간 눈물 나게 했다.
오늘은 어제보다 더 나은 시를 써야지, 라는 각오가
늘 제대로 한번 살아보자는 희망을 나에게 주었다.
비록 미치지 못함에도 불쑥 시집을 내는 것은
나를 위하여 격려해주고 밀어준 주변의 사랑하는 사람들에게
보답코자 하는 마음이다.
서투른 농부가 지은 어설픈 열매이지만 이 세상 누군가에게 혹여
위로가 되지 않을까, 하는 바람을 가져본다.
지금은 백양산 녹음이 청청하게 짙어 있다.
누가 소망을 묻는다면, 저 묵묵한 산처럼 살면서

산처럼 시를 쓰고 싶다고 말하리라.
시를 쓰면서, 산다는 것에 대하여 감사하게 되었다.
몸이 아프다는 것도 소중한 삶으로 껴안게 되었다.
큰 사고로 부실해진 건강을 늘 염려해주면서
정성을 다해 시를 쓰도록 도와준 남편에게 이 기회를 빌려
감사의 말과 존경하며 사랑한다는 말을 전하고 싶다.
사랑하는 아들과 딸에게도….

2024년 7월 백양산 아래서
박계연

| 차례 |

시인의 말 / 5

## 1부

모란이 지는 날 ········· 13
낙엽 ········· 14
꽃이 비를 만나니 ········· 15
담쟁이와 사계 ········· 16
백운포에서 ········· 18
겨울을 그리다 ········· 19
어머니 ········· 20
푸른 꿈을 심다 ········· 22
산책길에서 ········· 23
소녀앵무를 만나다 ········· 24
개망초 ········· 26
해파랑길 ········· 27
동강을 가다 ········· 28
함박꽃 ········· 30
그들을 찾아서 ········· 31
송해공원에서 ········· 32
봄비, 그리고 이별의 아픔 ········· 34
옛 추억의 그림자 ········· 35
바래봉 철쭉은 꿈일 뿐 ········· 36
자스민 향기 ········· 38
신호등 ········· 39
의암에 대한 명상 ········· 40
도가지와 도화지 ········· 42

## 2부

돌탑 사이르 꽃등이 흔들리고 ·············· 45
엄마생각 ····························· 46
오동나무의 꿈 ························ 47
찔레꽃 필 때면 ······················ 48
비 오는 날의 약속 ··················· 50
월류정 ······························ 52
찔레꽃 ······························ 53
팔손이나무도 향기를 내더라 ·········· 54
들고양이 잡는 놈 ···················· 55
하얀 눈물 ··························· 56
울고 싶다 ··························· 57
결혼기념일 ·························· 58
섬진강에서 ·························· 59
제라늄 ······························ 60
유채꽃길에서 ························ 61
봄, 내 아들 같은 봄 ················· 62
지금은 다 가고 없는데 ··············· 64
마이산 바람꽃 ······················· 65
내사랑 무궁화 ······················· 66
매화 ································ 67
개와 동백꽃 ························· 68
태종대 나들이 ······················· 70
단양팔경 유람 ······················· 72
동네 탐방 ··························· 74

## 3부

철원 한탄강 주상절리 ······ 77
옛 생각 ······ 78
겨울 산 상고대 ······ 79
속리산국립공원 ······ 80
예, 예, ······ 82
오어사 가는 길 ······ 83
회화나무 ······ 84
꽃과 새 ······ 85
플라타너스 ······ 86
무형 무언의 꽃이 핀다 ······ 87
자고로, 여자란 ······ 88
삼포길을 걷다 ······ 90
구절초 ······ 92
진주성 연리지 ······ 93
콩을 고르며 ······ 94
홍시 ······ 95
소국과 나 ······ 96
임고서원 은행나무 ······ 97
이기대 해파랑길 ······ 98
어묵 때문에 ······ 100
가을 풍속도 ······ 102
콩점 보기 ······ 103
그립다 ······ 104

# 4부

가을 스토리 ················································ 109
생일 선물 ·················································· 110
다대포에서 ················································ 111
참깨를 볶는 날이면 ······································ 112
손을 맞잡고 ··············································· 113
백무동 단풍 ··············································· 114
억새와 갈대스케치 ······································· 115
어느 슬픈 날 ·············································· 116
추석 이후 ·················································· 117
때늦은 후회 ··············································· 118
승학산에 올라 ············································ 119
불영계곡 ··················································· 120
청개구리 ··················································· 121
커플 운동화 ··············································· 122
전복죽 ······················································ 123
가족은 아름답다 ········································· 124
하모! 잘될 거야! ········································· 126
아라 홍련 ·················································· 127
보름달 ······················································ 128
나는 그저 시 생각뿐 ···································· 129
산은 어머니를 형상한다 ······························· 130
매미처럼 시를 쓰고 싶다 ······························ 131
가을을 기다리며 ········································· 132
저녁노을 ··················································· 133
선인장 ······················································ 134

• **작품해설** - 박정선 / 135
　　꽃과 인고, 그리고 춘화현상에 대한 사색
　　　-사는 날까지 자신을 사랑하는 법-

1부

# 모란이 지는 날

교회 마당 가에
덩실하게 피어있는 모란

가느다란 줄기 끝에
달처럼 훤하다

아침마다 눈 맞추던 꽃인데

오늘,
하얀 미소를 보내며
쓸쓸히 사라져 간다

꽃은 지면 어디로 갈까,

하늘에 뜬 하얀 낮달이
꽃잎인 양 말없이

이쪽을 내려다보고 있다

# 낙엽

새 한 마리 포르르
집안으로 날아 들어왔다

소리 없이 몇 발짝씩 가까이 온다

바람따라 온 새

울지도 않는 작은 새
참새 새끼려니,
'후여, 후여' 쫓아봐도
미동도 없는 새

바람이 휘익 불자,
내 품 안으로 날아든
바싹 마른 플라타너스 잎
가슴 싸-아, 해지는
허무

# 꽃이 비를 만나니

비가 꽃을 만나니 비드 꽃이 된다
꽃이 비를 만나니 꽃드 비가 된다

비가 쏟아지기 전에, 서둘러 퇴근을 한다
집에 도착하기 전 마지막 신호대 앞에서,
송해공원 분수 같은 폭포수를 만나다니,
우산도 무용지물이다 번개가 번득이고
우레가 쉴 새 없다 즣 부선 철길 아래 지하도에, 우두커니
서서 비가 잦아지기를 기다렸다
대문 앞에 도착할 즈음, 현관 앞 자스민 생각에
계단을 건너 뛰듯, 마음이 급해진다
물폭탄 세례에 향기는 사라지고 없다
그래도, 빗속의 보랏빛 꽃비
옥상에 있는 제라늄을 찾아본다
제라늄, 함초롬이 붉게 피었다
꽃잎마다 머금은 빗물

비가 꽃을 만나니 비도 꽃이 된다
꽃이 비를 만나니 꽃도 비가 된다

# 담쟁이와 사계

봄,
높은 돌담 벽의 작은 잎새들
봄 햇살에 이끌려
느릿느릿 아장아장 기어 오른다

초여름,
초록빛 반짝이며 무성해진 잎새들
어느새,
정상에 올라서서는 뭐가 그리 궁금한지
집 안을 기웃거리더니
아주 호기롭게 흔들흔들 그네를 탄다

가을,
담벽 울긋불긋 고운 벽화 사라졌다
거무스레 퇴색된 야윈 덩굴들
앙상해진 뼈를 드러낸 채
겨울을 기다린다

겨울,
하얀 눈 내리고
한 생애 잘 살아온 뼈들이 서로 얽혀
생각에 잠겨 있다
삶이란 푸른 것만도 아니라고
삶이란 앙상한 뼈만으로도
넉넉한 것이라고
사람들 지나가다가 걸음을 멈추고
담장을 바라본다

## 백운포에서


생경한 길이다 버스 차창 너머에는
쪽빛 바다가 한가롭다 내 가슴은 콩닥콩닥
바닷가 검은 자갈돌을 스치는 파도가 되었다
버스는 오륙도를 바라보며 고갯길을 시원스레 돌아
산 아래를 미끄러지듯 내려가 바닷가 횟집 앞에 멈췄다
줄을 서서 순서를 기다리는 많은 사람들 중에
나도 하나가 되어 주위를 살핀다

가로수 그늘 아래 맥문동이 보랏빛 꽃을 피웠다
꽃말이 겸손, 인내, 기쁨이라고 하던가
꽃이 군락을 이루면 참 장관이리라
동의보감에 땅콩을 닮은 뿌리가
힘을 불어넣는 효능이 있다는 한약재
초복에, 나는 바다가 보이는 창가에 앉아
새콤달콤한 물회로 속을 달래고
분위기 있는 카페에서 얼음을 탄 시원한 커피를 마신다
눈앞에 펼쳐진 끝없는 바다가 내 청춘의 전성기를 소환한다

# 겨울을 그리다


마른 나뭇가지 사이로 비단결 같은 고운 햇살
눈이 부시고
한여름 찬란했던 푸르름 발 아래로 살짝 내려놓았네.

간밤에 내린 찬서리는 뒷동산 황톳길에
투명한 서릿발 마술이 되고 한낮이면 애타는 가슴되어
녹아내리네

차고 메마른 대지 위에 은빛 눈이 사뿐히 내려
온 세상 따사로이 감싸 안으면
산비탈 묵정밭 성근 고랑에 한 알의 밀알 뿌리고
이른 봄날에 싹 틔울 꿈을 꾼다

구슬땀 송글송글 맺힌 6월의 장막을 걷고
풍성한 수확의 기쁨 한가득 품에 안으리라고.

# 어머니

열여섯 꽃봉오리 애기신부
남치마 연분홍 저고리 쪽진머리
재 넘고 강나루 건너 꽃가마 타고
층층시하 시집살이 시작되었다

새벽부터 저녁까지 끝이 없는 부엌 일
사대 봉제사 받드는 종부살이에
손님들은 왜 그리도 오고 가는지
종부 손등은 물마를 날 없었다

손아랫동서는 아이 젖먹인다며 쉬는데
무자식 맏형님은 젖먹일 일도 없어라

죄 지은 듯 숨죽이며 꾸벅꾸벅 살아온 세월

시어머니, 장독대 정화수 공들여 떠놓고
새벽마다 올리는 기도소리
삼신님! 착하고 건강한
딸 하나에, 아들 둘만, 꼭 점지해 주옵소서!

그 염원이 하늘에 닿았든지
서른한 살 종부는 딸 하나에 아들 둘을 낳다
5대 종손 첫째는 학자가 되고
둘째는 공직자 되고
딸은 시인이 되었다

여든한 살 내 어머니 꽃상여 타고 가실 때
푸른 융단 깔린 산에
무지개 아롱진 그 길을
말없이 혼자 떠나가셨다
천국 가신 어머니
오늘도 내 가슴에서 모란처럼
웃으시는 눈물겨운 미소

올해도 유월은 모란꽃 피고
덩실덩실 바람 타는 어머니의 미소

# 푸른 꿈을 심다

여리고 가녀린 고구마 순을
잘 북돋워진 밭, 흙 속으로 정성들여 묻어놓고
두 손으로 다독 다독거리며 비 내리길 기도한다
일주일이 지난 후,
고개 반듯 쳐들고 하늘 향한 파란 잎새
꿈을 향한 발돋움에 가슴이 뜨겁다
한 뼘, 한 뼘, 얼기설기 얽힌 줄기
저들은 마음이 바쁘고 내 꿈도 숨이 차다
목마르면 비 내리고
아침이면 눈부신 햇살 어루만짐에
땅속에선 올망졸망 속살이 차오른다
꿈이 영그는 경이로움
풍성한 가을을 꿈꾸는 농부
무성한 잎새들이
일렁이는 작은 바람을 탈 때
한 여름 땡볕에도 잘 견뎌 키운 꿈
세상으로 나와 빛을 볼 땐
너의 고운 이름을 불러주마
"고생했다. 고구마야"라고.

## 산책길에서


비 개인 휴일, 백양산 아래 둘레길을 걷는다
개울을 따라가는 길은 이슬 머금은 풀섶에 작은
들꽃이 피어있고 길을 따라 흐르는
물줄기와 산새들의 재잘거림이 음악처럼 흐르고 있다
늙은 소나무 등걸과 큰 뿌리들이 훌륭한 계단이
되기도 하는 길을 헐떡이며 따라간다
누군가가 놓은 징검다리를 조심스럽게 건너
질척이는 산길을 오른다
길 양옆으로 줄지어 늘어선 텃밭들
늘어진 넝쿨 춤추는 호박이며 고추, 토마토,
가지가 주렁주렁 탐스럽다
울타리 가에는 수국, 채송화, 도라지가 곱게 피어있다
키 큰 나무를 붉게 물들이며 휘감아 오르는
능소화가 화려하다, 온갖 야채, 약초들과 자두, 복숭아의
유혹 뿌리치지 못한다 모기들이 덤벼도 그 길을 찾는 이
유는 평화롭고 아름다움을 통하여 심란한 마음을 치유하
는 소소한 행복을 느끼고 싶어서다
그러나 그들도 눈물 흘리며 꽃 피고 열매 맺는다는
어떤 분의 충고를 떠올리며 동병상련을 느끼기도 한다

# 소녀앵무를 만나다


장맛비가 세찬 물줄기를 쏟아붓는다
병원에 가야 하는데
차도는 강이 되고 인도는 흐르는 시내가 되었다
구덕천에서 내려오는 물과 학장천의 물이 만나는
지점 2급수에 사는 다슬기도 보인다
강변 갤러리 작품들이 잠길까 걱정,
지난해도 내 키 절반만큼 잠겼었는데
내가 제일 관심 갖고 있는 작품은
이중섭 「벚꽃 위의 새」
벚꽃, 하얀 새의 역동적인 몸짓과 나뭇가지에
납작 엎드린 청개구리, 비취색 은은한 하늘 아래
노랑나비 등, 다채로운 색감과 스토리가 있는 작품이다

오후에 햇살이 반짝 얼굴을 내밀었다
아이처럼 신호대를 함께 건널 사람들을 기다린다
그리고, 산책길을 걸어 병원에 간다
맞은편에서 유모차를 밀고 오는 중년 남자,
예쁜 아이인가 넘겨다 보다가 나도 모르게
웃음이 터져 나온다

소녀앵무 한 쌍이 얌전히 앉아 있다
언젠가는 앵무 한 마리를 어깨에 얹고
다니더니 이젠 아주 쌍으로 수레에 태워
산책을 시키는 거다
그의 애조 소녀앵무는 말이 없다

# 개망초

석양이 곱게 내린 충청도
덕산 온천 옆 휴경지休耕地 거대한
개망초 군락지가 싱그럽다
하얗고 작은 꽃망울들이 무리지어
하얀 명주를 펼쳐 놓은 듯
하늘하늘 꽃바람을 탄다
비밀스런 약속이나 한 듯 새벽 일찍
산책길에 나선 내 발길은 개망초 앞에 머문다
입 다문 듯, 이슬 흠뻑 머금은 개망초들
어제와는 달리 신나게 파도타기를 하더니
씻은 듯 툭툭 털며 작은 꽃술 펼치고 파르르 떨 때면
개망초, 흡사 안개꽃을 닮았다
예사롭게 보았던 개망초가 오늘따라
예사롭지 않음은 왜일까
내 것은 다 어디로 갔을까
네 것이 판 치는 세상 신천지에는 기득권이 있다더니
세력권 다툼에 진 것은 간곳 없고
멀리서 바다 건너온 외래종이 선점 해버린 시대
귀화라는 이름으로.

# 해파랑길


일광해수욕장 바닷길을 걷는다 오래된 소나무가 드문드문
서 있다 '강송정 공원'이라는 표지석과 정자도 있다
'난계 오영수의 갯마을 현장'이란 표지석 앞에 섰다
윗쪽에는 당집이 있고 문 앞, 작은 소반에는
물, 마른명태, 사과가 정갈하게 차려져 있다
소설 속 주인공 해순이가 보인다
오래된 회화나무 한 그루 늙은 날개 펼치그 당집을 감싸고
있다 그늘을 드리운 아름드리 느티나무들 많은 사람들의
쉼터가 되었다 방파제 끝의 빨간 등대 그늘에 잠시 쉬며,
비릿한 갯내음을 맡는다
갯마을 소담스런 집들이 꽃을 곱게 품었다
잘 손질한 향나무를 틀어안은 능소화와
크고 작은 야생화들이 시절을 만났다
횟집에 들러 생선회를 앞에 두고 앉았다
와자지껄 관광객들의 수다 끝이 없다
돌아오는 길, 다시마 한 줄 사서 가방끈에 매달고 신나게
걷는다 강송정 공원 뒤틀린 소나무 우리를 바라본다
뭐가 그리 속상한지 뒤틀린 소나무, 동무 삼아 한 컷
오늘 같은 날, 우리는 이런 맛도 모르고 살았네

# 동강을 가다

하천 운동의 퇴적작용과 침식작용이 현재진행형이다
동강, 레프팅 출발시는 햇살이 따가웠다
중간 지점을 넘어서자 은구슬을 안겨준 장대비와
동강의 만남은 절묘함 그 자체였다

잔잔한 구간에는 노를 저으며 주변 경관에 취했다
열두 명이 한 조가 되어 합심해야 순항할 수 있는 뱃놀이
사공이 많으면 배가 산으로 올라간다는 말을 되새기며
급류 타기 가까운 지점이 다다랐고 안전요원의
지시에 따라 준비가 되기도 전에 짜릿함과
두려움이 한꺼번에 밀려왔다
탄성인지 괴성인지 모를
레프팅의 묘미가 급류타기, 비가 내려 준다면
금상첨화는 장대비였다
맑았던 날씨가 갑자기 돌변해 쏟아지는 장대비가
동강 위에 떨어지는 순간, 토르르 흡사 은구슬을
내 맘 속에 주워 담았다
빗물인지 눈물인지 알 수 없는 내 얼굴을 타고 내리는
순수는 동강에 흘려 보내리라

잔잔한 구간에서 낯선 다른 팀과 함께 어울릴 수 있는
물세례는 한동안 잊을수 없는 즐거움이었다
자연을 거스르지 않고 순리대로 여울의 리듬타기처럼
사는 게 진정 아름다운 삶이 아닐까
사람은 어디 가고 구명조끼만 둥둥 떠다니는 진풍경,
내가 아닌 남의 일엔 웃을 수 있다
구명조끼 아래서는 허우적대는 사투를 경험해
보지 않은 사람은 모를 것.
수려한 자연경관, 한가로이 노니는 백로는 한폭의
동양화를 그렸다

# 함박꽃

고향집 마당 한켠에
얼굴 붉히는 수줍은 소녀처럼
연분홍 탐스러운 꽃들이
무성한 잎새를 물고 무리지어 다가온다

가녀리고 약하게 태어난 손녀
할아버지는 함박꽃처럼 화사하게 자라라는
기원을 담아 정성들여 꽃을 심었다

댓잎 바스락대고 소쩍새 울던 봄밤
환한 달빛 타고 내려 앉은
별빛같은 꽃들 다소곳이 피어나
작은 바람 데려와 진한 향기 흩날릴 때
꽃처럼 살라며 머리 쓰다듬어 주시던 손길
지금도 또렷한 기억 속에
고요히 피어나는 어진 미소
나 지금 그 깊은 뜻,
가슴 깊이 새기며 살아가고 있는 건지
꽃들을 향해 가만히 물어본다

# 그들을 찾아서

가야산, 홍류동 계곡을 따라 싱그러운 초록이 울창한 송림.
계곡의 맑은 물, 정겹게도 흐른다
오십오 년 전, 중학교 때 수학여행 길.
그 길을 걸으며 고운 최치원을 생각한다
지팡이를 꽂으며 '내가 살아 있다면, 이 지팡이도 또한
살아 있을 것이라 했다'는 학사대는 변함없이 푸르다
팔만대장경을 봉안한 법보종찰 해인사 경내를 둘러보고
시원한 약수 한 모금으로 지친 영혼을 달랜다
희랑대, 기암에 기대어 기둥 하나 의지하고 서 있는
아슬아슬한 희랑 대사의 수행처 희랑대를 지나 산을 또
오른다 백련암, 산내암자 가운데서도 가장 높은 곳에 위
치한 암자 우거진 노송과 기암괴석이 병풍처럼 에워싸고
생각에 젖어있다 가야산의 으뜸가는 절승지인 고승들의
수행처답다 성철 스님이 입적하기 전까지 주석 하신 곳을
찾아간다 수학여행 때 사진을 찍었던 그 자리에 다시 서서
희긋희긋한 머리칼을 서로 바라보며 쓴웃음 짓는 친구들
'우리 건강하고 즐겁게 삽시다'로 덕담을 나눈다
돌아서는 뒷모습이 허탈하다 뉘엿뉘엿 저물어가는 저녁
해를 바라보며

## 송해공원에서


달성군 옥포읍,
연둣빛 잎새들이 녹색으로 빛나는 산야
옥빛 물결 반짝이는 윤슬이 그림같은 옥연지
힘차게 뿜어 올리는 대형분수는
밤하늘, 불꽃놀이하는 꽃불처럼 황홀하다

생태공원,
싱그러운 연잎이 바람결에 출렁이고
연꽃은 등불처럼 피어 오르네
밤이면, 더욱 아름다울 수중 보름달 모형,
철새 조형물과 황포돛대 올린 나룻배 사이로
오리와 원앙들이 한가롭다

송해공원 둘렛길.
전망대 풀숲에 숨어앉아 실향민 송해 선생이 부르는
애절한 그리운 고향 노래는
너무 구슬퍼 가슴 아린다
송해 폭포 아래 나팔꽃 인생 노래비와
선생의 흉상이 자리하고

송해 기념관,
금빛동상은 생시처럼 생생하다
그 앞에 책 인의예지仁義禮智 펼치고
열공 중인 분홍색 토끼 눈부신 햇살 받아
참 이채롭다
뒷산 뻐꾸기 처량하게 울고
송해 선생, 오늘도 옥포 산기슭에서
옥연지 바라보며 갈 수 없는 북녘땅 고향 생각에
서럽고 서럽게 노래하겠다

# 봄비, 그리고 이별의 아픔

추적추적 봄비 내리고 작은 가로수 위
이름 모를 새 한 마리 구슬피 운다
물기 머금은 나뭇가지 누런 잎
비바람에 떠밀려 소리 없이 지고
반들반들 고운 잎새에는 눈물 같은 물방울이
또르르 흘러내린다
작년 가을 병문안 와서 두 손을 꼭 잡고
중환자실에서 영영 못 볼 줄 알았는데
살아줘서 고맙다며 해맑게 웃던
 모습이 마지막일 줄이야
자주 전화는 주고받았지만
산다는 게 이렇게 허무할 줄 이야
엉킨 실타래처럼 풀리지 않는 이별이
믿을 수 없음에 더 안타깝고
인사도 없이 황망히 봄 꽃잎 지듯 떠난 야속한 사람
살아온 날들은 아름다운 추억 속에
진한 아픔으로 남았는데
부디 평안한 곳에서 잘 지내시기를
이 아름다운 봄날에

# 옛 추억의 그림자

이른 아침. 낙락장송을 둥지 삼은 학
동네 한가운데 자리잡은 세숫못에
사뿐이 내려앉아 목욕재계 하고
고고한 선비 같은 자태로 동녘 일출
맞느라 분주했었지
활짝 부채를 펼치듯 우아하게
날개를 펴고 높이 날아올라
춤사위를 펼칠 때면
하늘이 열리듯 환해지는 세상
농지정리를 하면서 사라져버린 세숫못
그 후로 볼 수 없는
학은 두 번 다시 오지 않았지
지금은 사라져버린 우아하고 고고한 너의
춤사위가 너무 그립다
잊을 수 없는 그 시절 옛 추억의 춤사위

# 바래봉 철쭉은 꿈일 뿐

비가 방울방울 눈물처럼 흘러내리고,
차창밖에 어리는 산골 풍경
다랭이논에 심어놓은 어린모가 물에 잠겨 보일 듯 말 듯
자맥질한다 11시쯤에 정령치에 도착했다 구름 위에 솟은
산봉우리가 섬처럼 떠 있는 고요와 평화, 좀처럼 보기드문
운해에 넋을 놓는 무아지경 동으로는 바래봉과 가을단풍이
아름다운 뱀사골 계곡, 서쪽은 천왕봉, 세석평전과 반야봉,
남원의 시가지가 한눈에 들어온다

남쪽 능선을 타면 만복대, 성삼재로 연결되어 있다
지리산에서 차로 넘을 수 있는 가장 높은 고갯길 정령치,
거센 폭풍과 점점 굵어지는 빗방울에 떠밀려,
아쉬움만 남긴 채 하산하게 될 줄이야
남원 인월, 주차장에는 사람들은 어디가고,
줄지어 늘어선 관광버스만 가득하다
상가 2층에 숙소를 빌려 점심 도시락을 먹고,
일행 중 일부는 산행을 감행하고, 일부는 숙소에 남고, 몇
몇은 버스로 돌아오다가,

주차장 언저리의 갖가지 아기자기한 야생화를 본다
4시까지는 꼼짝없이 차 속에서 머물러야 한다
남원의 날씨가 우리를 완강히 거부하며,
차 속으로 몰아 넣는 답답함을 어디다 하소연할까,
와중에, 시끄럽게 코를 고는 사람들 속에서,
아침부터 멀미가 나더니, 눈은 말똥말똥 잠도 오지 않는다 어젯밤도 하얗게 지새웠는데,
머리만 지끈지끈 아파온다

차창에 부딪히는 죄 없는 빗방울만 훔쳐보며 눈을 흘긴다
돌아오는 길, 수박 주산지 함안 휴게소에서,
대롱대롱 매달려 있는 파란 줄무늬 수박, 노란 황금수박을 배경 삼아 인증샷 한 컷으로 위안을 삼는다 바래봉 철쭉 만나려다 버스 안에서 벌만 선, 고달프고 힘든 어이없는 하루도 먼훗날 좋은 추억으로 남았으면 한다

## 자스민 향기


보랏빛으로
세상을 바라보는 꽃들
미풍을 타고 향기를 흩날린다

살랑거리는 작은 바람에도 소스라치게 놀라
간절한 그리움을 퍼내듯
향낭을 터뜨리고 마는 여린 꽃잎들
보라가 서서히 엷어지다
하얗게 탈색하여 땅바닥에 나뒹굴다
몸서리치며 사라지는 하얀 아픔

봄, 여름, 가을
자스민 피고 지고 또.
피고 지고,
내 마음도 서글퍼 울다. 웃다.
또, 울다. 웃는다

# 신호등

그는 언제나 길거리 한쪽 옆에 불쑥 서 있다
한 치 오차도 허용하지 않는 눈을 부라리며 서 있다
우리는 그의 눈빛을 따라 분주히 움직인다
그의 눈빛에 달린 무수한 목숨들
눈이 오나 비가 오나 바람이 불어도 언제나
그 자리에 그가 서 있다
언젠가 그의 눈빛을 무시한 괴물이 우리를 쳤던 일,
아직도 나는 그 후유증에 시달리고 있다
그는 길거리의 파수꾼
어쩌다 한번 그가 잠들 때가 있었다
그 순간 얼마나 무섭고 두려웠던지
그의 번득이는 눈빛이 얼마나 고마운지를
새삼 느끼는 나는 철부지였나

## 의암에 대한 명상


상큼한 아카시아 꽃향기를 실타래처럼 늘어뜨린
숨이 턱까지 차오르는 언덕배기 산길에
잠시, 너럭바위 한자리 차지하고 앉아
명상에 잠긴다

발아래 너럭바위의 미래를 점쳐 본다
그대 운명 잘 풀리면
구중궁궐 누마루의 주춧돌은 되겠는걸
적어도 고즈넉한 산사 앞마당
정교한 손길로 다듬은 심층 석탑은 가능할지도
어쩌다 운이 나빠 신통찮은 석공을 만난다면
가세 기운 남루한 선비의 초막 처마 아래
댓돌 정도에 그칠지도
어쩌다 자연 재해라도 만난다면
계곡의 거꾸로 선 황톳물 길이라도 만난다면
채이고 뒹굴면서 다듬어진 강가의 자갈이 될 수도

화들짝 놀라 훌훌 털고 일어나 무슨 망발인가 싶다
신성한 대자연을 두고

잠시 쉬어가면 그만인 것을
틀린 말은 아니지만

인간 세계도 어디에 태어나고
어떤 인연을 만나느냐에 따라
운명을 결정짓지 않던가

제주 용머리 해변의 용두암
설악산의 울산바위와 흔들바위
많은 사람들이 찾고 좋아하지 않는가

진주 남강 촉석루 아래 의암
기생 논개가 왜장을 껴안고 순국한 바위
논개의 충절과 애국심으로 얻은 이름
바위로 태어나 이름을 남긴다

## 도가지와 도화지

여섯 살 적에, 문구점에 가서 도화지 좀 사오라는
오빠 심부름을 갔었다 그 집 문 앞은 가까워지고
어쩌지! 도가지를 어떻게 가져가지?
한참을 궁리 중 오빠의 큰 목소리, 뭐 하고 있노!
오빠는 내 손에 있던 돈을 확 뺐더니 돌아오는 길
오빠 손에는 하얀 종이뿐, 참 이상한 일이었다

도가지가 아닌 하얀 종이라니
날더러 사오라는 도가지는 뭔가
아무리 생각해도 이상한 그 일은
지금도 여섯 살 내 유년을 떠올리게 한다

도가지와 도화지는 도가 닮았고 지가 닮았다
이제는 나 닮은 것들을 분별하고 사는 걸까

# 2부

# 돌탑 사이로 꽃등이 흔들리고

작약 세 송이가
대문 밖으로 나와 누구를 애타게 기다리고 서 있다
하나, 둘도 아닌 셋이서 말이다
참 곱고 예쁘다
산복도로를 건너 오르막 산길에 접어들자,
숲이 우거진
그나마, 그늘이 드리워진 길을 쉬엄쉬엄 오른다
찔레꽃 하얗게 피고,
아카시아 꽃 주렁주렁 주머니 속 향기를 터뜨린다
오를수록 가파른 언덕배기에, 작은 돌 하나하나를 모아
정교하게 쌓아 올린 돌탑 사이로 꽃등이 흔들리고,
무슨 의미인지 몰라도 기도하는 절실한 마음이었으리라
산골짜기 심한 비바람을 견디며 살아온,
가지가 뒤틀린 두 그루 나무가 그 곁을 지킨다
계단 길을 한참 오른 후, 산사에 닿았다
산사 옆에는, 아슬아슬하게 절벽을 버티고 선
암벽을 끌어안은 담쟁이들과,
바위 틈새에 뿌리내린
구불구불 휘어진 소나무 한 그루,
발아래 세상을 내려다보며 누구를 위한
간절함을 담아 오늘도 기도하고 있는지 몰라

## 엄마생각

문고리를 잡고 서서 문밖을 내다보며
'할망구 갔다'를 되풀이하는
어린조카의 아쉬움
친정엄마에게 외손자를
안겨드리지 못한
죄스러움에 가슴 저렸던 엄마

삼남매 맏이로 태어난 나
엄마는 드디어 소원 풀었다
나는 온 가족 귀염둥이, 온 동네 기대둥이
'니, 어디 갔다 이제 왔노?' 가
나에 대한 첫 인사였다

어느새, 내가 자라 결혼한 후
한시도 잊어본 적이 없는 엄마
착하디 착한 두 올케 맞이하고는
내 마음 홀가분함에
날개를 달았다 훨훨

## 오동나무의 꿈

청명한 하늘 아래 꽃바람 불면
연보랏빛 고운 꽃등 곱게 담아
화안하게 내걸고
고고한 향기로 세상을 유혹한다
딸이 태어나면 오동나무를 심고
아들이 태어나면 소나무 심는다는
옛말을 떠올려본다
봉황이 깃들 오동나무 심어 놓고
죽미竹楣 맺는다는 대나무도 심었건만
기다리는 봉황은 오지 않고
졸고 있는 꽃등만 가물거린다
오동꽃 소리없이 지는 밤에
무심한 봉황에 서러워 말고
나뭇결이 곱고 아름다운 오동장을 꿈꾸어라
차라리, 벽계수가 그립거든
은은하면서도 고요한 거문고를 꿈꾸고
황진이 손길이 그립거든
부드럽고 아름다운 선율 고운
가야금으로 환생하거라

## 찔레꽃 필 때면

청명한 하늘 곱게 수놓은 새털구름이
초여름 햇살 불러 모은 길
거창을 지나 무주 육십령을 지나
장수에 이르자
순백의 찔레꽃,

백마 탄 왕자라도 만난 듯
쌉싸름한 향기로 무리지어 반긴다

파란덩굴 우거진 언덕배기
미풍에 깃털처럼 가볍게 흔들어 하얀 꽃잎
파르르 떨 때마다 가슴 깊은 곳
상혼처럼 슬프다

소박하고 정갈하게 차려 담은
소담스런 시골 아낙의 정성어린
밥상을 닮았다
아직 이른 누런 보리밭과 밀밭길을
지날 때면 허기진 배 움켜쥐고

여린 찔레 순 똑똑 꺾어
배를 채웠다는 이야기
그 전설 같은 보릿고개도 이맘 때였으리라

곱게 노을진 5월의 저녁
언덕배기에 내려앉은 하얀 별들
추억이 그리운지 밤새워 잠들지 않는다

## 비 오는 날의 약속


아침부터 비가 내린다 우산을 펼쳐 들었다
착 갈아 앉은 기분, 출근길이 무겁다
오늘은 친구 만나는 날,
지하철 2호선 광안역에서 만나자고 약속했다
이십여 년 간 동창 모임을 맡아온 친구에게
참석이라도 잘 하는게 돕는거라는 생각으로
약속을 꼭 지켜야지 했는데
하필이면 종일 비가 내린다
나는 비 오는 날의 외출은 되도록 피한다
꿈속에 그리던 첫사랑이 온다고 해도 나가기 싫은 성격이다
그런데, 약속 때문에 나갈 수밖에
약속시간은 오후 4시, 도착하고 보니 3시 27분이다
혼자 오락가락 4시 되기만 기다린다
친구 네 명이 모여 따끈한 유자차로 비에 젖은 속을 달래며
비 내리는 광안대교를 바라보다 서로 안부를 묻는다
우산을 쓰고 걷는 길, 기념사진 찍어야지
모델들은 우산 쓰고 사진사는 비 맞고,
노릇노릇 익어가는 보리밭에서 광안 해수욕장을
배경 삼아 독사진도 한컷, 카톡 신호음에 폰을 열어보니

보리문둥이 나온다, 빨리 보리밭에서 나와
6시에 친구가 운영하는 횟집에서 12명이 모여 한참
너스레를 떨다가 일어서자 밤 9시다
아쉬움에 노래방 가자는 것도 뿌리치고,
더듬더듬 83번 버스를 타고 광안역에서 내려,
지하철을 갈아타고 10시 넘어서 집에 도착,
그 친구들은 아직도 노래 삼매경에 정신없겠지
내가 그 자리에 있었다면 박수치는 것밖에
날 새기 전에 집에 오다니 시원하고 가뿐한 마음

# 월류정

해가 진 자리에 노을이 내려앉는다
땅거미 진 월류5봉이 초강천에 몸 담그고
월류정에는
진달래가 다소곳이 귓볼이 붉다
어둠이 내리고
조각달이
월류봉 노송 가지에 걸렸다
밤새 머물던 달
이른 새벽
잠을 깬 새들의 노래에 놀라 사라졌다
월류봉의 화룡점정 천하비경 월류정
초강천 물 속에 다시 제 몸을 비춘다

## 찔레꽃

하얗게 피어난 찔레꽃을 보네
파아란 산기슭에 별들이
무더기로 내려앉아 배시시 웃고 있어도
새벽달 머리에 이고 이슬 머금은
슬픈 여인의 눈빛처럼 애달프네

오월에 별이 되신 우리 어머니
애절한 그리움이
은은한 찔레꽃 향기로 다가오네

보고싶다.
사랑한다는 말 한마디 못해 보고
별처럼 슬프고 달처럼 서러운
눈물로 서리서리 엮는 봄날
하얀 찔레꽃 하늘 가득 하얀 손수건 흔드네

# 팔손이나무도 향기를 내더라

연둣빛 잎새들이 하루가 다르게
아우성치듯 자란다

사철 푸른 잎 펼쳐들고
작은 바람에 손짓하듯 흔들리는 팔손이
여덟 개 손가락을 활짝 펴들고
허공을 향해 무엇을 빌고 있나

찬바람 부는 초겨울에도 당당한 팔손이나무
널따란 손바닥에 소복소복 눈송이 받아들고
겨우내 무슨 꿈을 꾸고 있나

아, 그래, 모두에게 나누어 줄 사랑의 선물
추운 겨울 어느 쪽방 할머니들을 위해
기도하나 봐

별을 닮은 하얀 팔손이나무 꽃
그윽한 향기 끝없이 터뜨리고 있는
따뜻한 속내

# 들고양이 잡는 놈


낯익은 사람들과 낯선 사람들이 만나
아침 일찍 소소리바람 손 맞잡고
산에 오른다
등산은 가슴 두근두근 설렌다
하산은 시원섭섭 아쉽고 발걸음은 가볍다
대왕산대장 앞장서서 마음은 바쁘고
뒤따르던 젊은이들 추월, 또 추월한다
비켜선 대왕 일행 엉거주춤
'들고양이 잡는 놈' 깃발 들고
휘익 사라지는 젊은이들 일행
들고양이 잡는 놈이라고
담비, 삵, 살쾡이, 스라소니
도대체 저 일행은 뭐란 말인가
한참만에 뇌리를 스치는 생각
자연생태계 보호를 위해 활동하는
자연보호협회에서 나온 사람들일 것
산을 내려와 산을 쳐다본다
귓가에 들려오는
들고양이들의 울음소리

## 하얀 눈물


봄날이 막 시작되고, 집을 나서자
할머니와 네 살짜리 아이의 눈에 비친
하얀 민들레와 제비꽃
아이는 가던 길 멈추고 앉아
작은 민들레 꽃봉오릴
살짝 만져보고 또 다시 만져보며
제자리를 지키고 앉아 일어설 줄 모른다
할머니가
하얀 민들레 한 송이와 제비꽃을
뚝, 꺾어 선물처럼 아이의 손에 쥐어 준다
꽃을 받아 쥔
아이는 갑자기 울음보를 터뜨렸다
달래도 그칠 줄 모르는 울음
할머니 손에 이끌려 뒤돌아보고
또 돌아보는 그때 아이의 눈물
내 나이 고희를 맞도록 잊혀지지 않는
민들레의 그 하얀 진액
돌이켜 생각하니 그건
민들레의 처절한 눈물이었어

# 울고 싶다


시인의 밤은 외롭고 쓸쓸하다
긴 밤을 하얗게 지새워도
원하는 시 한 구절 못 쓰고 뒤척인다
느티나무 가지 아니어도 좋다
청순한 마음 고운 언어 꽃 쟁반에 담고 싶은데
벼랑 위 휘어진 솔가지 위에 앉아 노래하는 작은새의
청량한 소리 애간장 녹이도록 한번
빚어보고 싶은데
메마른 입술 적셔주는 시, 아침 고운이슬 맺힌
촉촉한 입가로 흥얼흥얼 소망의 꽃
정말 빚어보고 싶다
밤새워 낙동강 들녘 바스락대며 흔들리는
갈대도 되었다가
해 질 녘 수놓은 비단결 같은 저녁노을 되었다가
어린 시절 들길 걷다 만난 들국화도 되었다가
하얗게 지새운 밤 뒤로하고
찬란한 아침햇살 눈 비비며 맞는 나는
4월의 찬이슬 머금은 한 송이 목련이고 싶다

# 결혼기념일

포장지를 열고 나타난 생크림 케익,
앙증맞은 꽃 두 송이를 감싼 싱그러운 딸기들을 바라보며 미니양초 두 자루에 불을 켰다 마주 보고 앉아 알 수 없는 허전함에 타고 있는 촛불만 멀거니 바라본다
결혼하고 처음 시외가에 인사 갔을 때 어른들이 나를 향해 하신 말씀 "오모짜 같다"라고 했고 이웃 사람들은 새댁이라고 했다 해운대 바닷가 가는 길, 버스에서 내려 걷고 있는데 멀리서 보고 있던 어떤 중년 여인이 대뜸, "색시가 아깝다"고 했다 내가 신랑더러 아는 사람이냐고 물었더니 씩 웃으며 "그렇게 보였나 봐" 했다
삼십대 후반에는 이웃 사람들, "신랑 청바지 입히지 마라"라고 했다 지금은 등산을 가면, 나는 큰형수가 되었고, 사람들은 아주 태연히 어르신이라 부른다
결혼 25주년 기념일에는 대학 다니던 딸이 한 말,
장미 스물다섯 송이 꽃다발을 안겨주었을 때, 당연하다는 듯 고맙다로 답하더니 아빠가 퇴근길에 사온 안개꽃에 둘러싸인, 장미 다섯 송이를 받아들고 활짝 웃던 엄마 표정 잊을 수 없다고 했다 비켜갈 수 없는 세월은, 속절없이 흐르고 알 수 없는 내일은 또 어떤 이름표를 달아 줄지

# 섬진강에서


어느 여름날, 혼자 고무보트를 타고 물놀이 중
엉겁결에 떠밀려버린 강물에서 보트를
뒤집어쓰고 허우적거려 보지 않은 사람은 모른다

밤새도록 내린 비로 불어난 흙탕물이 된 강 물속에서
흙탕물을 뱉으면서 살려 달라고 구조요청을 한다는 건
새빨간 거짓말이야 눈앞엔 아무것도 보이지 않았다
가해자는 장난이고 피해자는 생과 사를 넘나들고
장난 친 사람이 놀라 가까이 왔을 땐 있는 힘을 다해
매달렸다
말로만 듣던 물귀신처럼,
안고나와 모래밭에 내려놓았을 땐 팔다리 힘이
다 풀린 채 멍하니 강물을 바라본다
어이없게도 한 사람이 강 가운데 서 있었다

봄, 가을이면
까만 자갈과 은빛 모래밭 푸른 물빛이 그림같은
섬진강은 아픈 옛 추억일 뿐
물만 바라봐도, 생각만 해도 소름 돋는다

# 제라늄

지난해 가을,
버려진 꽃가지를 주워다가
정성껏 손질을 하고
병에 물을 갈아가며
잔뿌리 내리기를 기다렸다
새봄이 오고
하얀 잔뿌리 뽀송뽀송 내리더니
파릇파릇 초록 잎 무성해지고
따뜻한 봄날,
이슬처럼 송알송알 맺힌 수많은
꽃망울들이 하나둘 피어난다
꽃들은 피고 또 피어
꽃의 세계를 이룬다
기쁨의 합창이 울려 퍼지듯
어우러진 제라늄

## 유채꽃길에서

봄비 내리는 유채꽃길을 따라
우산을 쓰고 병원을 간다
경기장의 수많은 관중처럼 술렁이는 유채꽃들
어미 따라다니는 뽀송뽀송 병아리 같기도 하고
갓 입학한 귀여운 유치원생 닮은
파란 꽃대 노란 예쁜 꽃에 마음은 두근두근

돌아오는 길,
무슨 심통이 난 건지 심한 비바람이
나를 확 밀친다
땅에 제대로 발 내린 유채꽃은
엎어질듯 하다가도 벌떡 일어난다
우산 들기가 힘들어 접어들고
벽 쪽으로 딱 잡고 붙어서서
두려움에 덜덜 떨었다
엎어질 듯 출렁이는 유채꽃보다 나약한
나는 서글픈 마음 어쩌랴
센바람에 떠밀린다 할지라도
내 꿈을 포기하지 않고 벌떡 일어서리라

## 봄, 내 아들 같은 봄

맑은 봄 맑은 하늘 아래
멀리보이는 산 능선 위에
눈송이처럼 하늘하늘 내리는 봄

고속도로변 푸른 솔, 활짝 핀 벚꽃
노란 개나리 꽃잎 사이로 푸른 잎이
쫑긋쫑긋 엿보는 봄
흐드러진 벚꽃 보따리, 터질 듯한 아기 볼
같기도 하고 가을밤 쏟아질 듯
무수한 별빛 같기도 한 봄
하얀 자두꽃망울, 새파란 청보리밭
생기 아래 희망이 퐁퐁 샘 솟는 봄

저어기, 분홍 복숭아꽃 아래
에스키모인의 이글루를 닮은 특이한 무덤도 파래지는 봄
높은 나뭇가지 위 까치집에도 가득히 담기는 봄
벼랑 위 진달래 수줍게 고개 내미는

산모롱이를 돌아 고향집에 닿았다

지난가을에 심은 쪽파, 봄비를 잔뜩 머금고
파릇파릇 생기를 찾았다
콩나물을 유난히 좋아했던 내 아들
환하게 웃는 얼굴이 눈에 아른거린다
고명으론 쪽파가 제격이지, 노래 부르기를 좋아하고
시를 좋아했던 봄빛 같은 내 아들이
봄보다 더 환하게 가슴속을 채운다

# 지금은 다 가고 없는데

4월이면, 고향집 뜨락엔
그윽한 옥매화 향이 물안개 되어 피어난다

이름만큼이나 작고 예쁜 꽃들이
숲을 이룰 때면 엄마의 시선은 대문 밖에 머물렀다

밤마다 달빛이 내려앉은 뜨락에는
하얀 날개옷 나풀거리는 천사의 춤사위
그 속에 나를 닮은 함박꽃은
반짝이는 수만 개의 별을 품었다

가시를 숨긴 보리수나무
예쁜 꽃 곱게 피워 6월이면 새콤달콤 열매

집을 감싸 안은 대나무 숲의
싱그러운 속삭임과 새들의 재잘거림도
나의 전용 그네 만들어주신 아버지
지금은 다 가고 없는데
눈앞에 그린 듯이 선하다

# 마이산 바람꽃

3월 초순,
은수사 오른편 488계단 데크길을 오르네
두껍게 쌓인 낙엽을 뚫고 올라온
가느다란 꽃대
파란 잎새에 눈꽃처럼 피어있는 꽃을 보네

아직 얼어붙은 잔설을 이고 나와
꽃들이 무리지어
꽃샘 바람 따라 춤을 추네

춘삼월 꽃바람 데려온
봄의 전령사 마이산 바람꽃
너의 강인한 생명력 앞에
나, 숨을 죽인 채
가만히 서 있네

## 내사랑 무궁화

삼일절 100주년에 즈음하여
동경 하늘 아래 미소 짓는 무궁화
선명한 연보랏빛 내 나라 꽃이
당당히 아파트 화단 한자리 차지했구나

무궁화!
어떻게 현해탄을 건너왔을까,
애국선열의 넋이던가
보고 또 봐도 틀림 없는 홑겹 무궁화
자랑스런 내 나라꽃

장하다.!
그대 옆에 태극기 휘날리며
애국가 목청껏 불러보고 싶다
어떤 일이 있더라도 굽히지 말고
꿋꿋이 뿌리내려 36년 간의 치욕,
그 한 꼭 풀거라
내 사랑 무궁화여!

# 매화

도심 길거리 새로 생긴 건물 빈터에
울타리처럼 심어 놓은 매화나무 몇 그루

작은 잿빛나무 파랗게 물오른 가지에
몽글몽글 꽃망울이 맺혀 있다

눈 속에서 핀다는 매화인가
이른 봄을 부르는 사군자 중의 군자로 피는 꽃

그윽한 향기 바람에 일렁이며
가는 길손을 붙잡는다

마스크를 썼어도 발길을 머물게 하는
너는 정녕 선비의 꽃 매화구나
하늘도 취했는지 말이 없다

# 개와 동백꽃


출근길이다
아침마다 만나는 공장 지킴이 누렁이 한 마리
사람 나이라면, 반백은 됨직한
바싹 마르고 꾀죄죄한 몰골이다
지나다 눈을 마주치면 문 앞까지 달려 나와
소리를 지르더니, 삼사 년 못 본 사이 많이 늙어버렸다
흘러간 세월 탓인가 보다
비 내리는 아침,
누렁이 꾀죄죄하기가 물에 빠진 생쥐 꼴같다
지나가다 쳐다봐도 못 본 체,
고개까지 돌리고 꼼짝 않고 엎드려 있다

'네가 나를 보듯, 나도 너를 본다는 건가'

봄이 와도 줄에 매여 무엇을 볼 수 있을까
늦은 출근길,
공장 출입문이 활짝 열려있다
누렁이를 피해 멀찌감치 걷는데
왕왕거리며 뛰어나와 주인 보란 듯, 짖어댄다

개는 본래 무서움을 많이 타는 동물이다
겨울 이른 새벽에 만나면, 소리치며 뒷걸음질치더니...
봄꽃이 팔랑이고, 하얀 목련 곱게 피어나고
붉은 동백 후두둑 떨어져도,
변함없는 망석중이 누렁이 안쓰러움에,
집 앞에 핀 동백 두 송이 꺾어 들고
'자! 동백꽃 이다' 하고
문 앞에 던져주자 슬금슬금 나와 물끄러미 쳐다만 본다
안에서 주인이 부르자, 누렁이 냉큼 일어나 동백꽃 입에 물고 간다
주인에게 봄이 왔다고 전하고 싶은가 보다

# 태종대 나들이

태종대 순환도로를 따라 다누비 순환열차 신이 나는
갑진년 첫날, 온 가족의 나들이가 정겹다
수국의 명소로 알려진 태종사를 지나
100년이 넘도록 한 번도 불이 꺼진 적 없다는
푸른 바다와 어우러진 하얀 등대
오가는 유람선의 유유자적
아름다운 기암절벽, 시원한 바람과 수평선을 보며
신선들이 앉아 놀았다는 신선바위
날씨 좋은날 대마도가 가장 잘 보이는 곳,
왜구에 끌려간 지아비를 그리던
한 여인이 돌로 굳어 버렸다는 망부석
자살바위로 알려진 전망대와
어머니의 사랑을 생각하고 삶의
희망을 주자는 의미의 모자상
광활한 바다 전경과 수려한 자연경관
일몰이 아름다운 남항 조망지와
주전자 섬으로 알려진 생도
천연자갈에 철썩이는 경쾌한 선율의 파도소리까지도
그대로인데

양지쪽 웅크리고 앉은 고양이들 사람들이 모인 곳
어디서나 볼 수 있는
무얼 먹고 사는지 털이 반지르르 오동통 귀엽다
출렁이는 푸른 바닷물은 변함없고
송림 사이로 스며드는 해 질 녘,
붉은 노을빛 곱기만 한데
자꾸만 되돌아보는 내 긴 그림자

# 단양팔경 유람

청도하면 떠오르는 소싸움. 씨 없는 반시의 고장에서 아침을 먹고, 죽령 터널을 지나 달린다 단양 8경 중 4경인 옥순봉을 바라보며 장회나루터에 닿아 점심을 먹는다

짙게 드리운 운해가 시야를 뿌옇게 가로막고 산골 문전옥답은 폐허가 된 묵정밭이 되었다 공기가 맑고 토질이 비옥한 제천은 약초의 고장이 아닌가 옥순봉, 희고 푸른 여러개의 봉우리가 마치 무리지어 올라오는 죽순 같다하여 지어준 이름, 장엄하고 수려한 산봉우리가, 그야말로 하늘을 찌를 듯하다 도담삼봉, 단양 8경 중 1경이다

조선 왕조 개국공신 삼봉 정도전이 유년시절을 보냈다는 곳, 삼봉 중 중앙봉에 육각정자 삼도정을 세우고 경치에 심취하여 풍월을 읊으며 자신의 호 삼봉도 도담삼봉에서 따온 것이라고,
제천 옥순봉 출렁다리, 2월인데도 청풍호는 얼음이 하얗게 얼어있고 호수 위를 가로지르는 출렁다리 걷기는 입구에서부터 리듬을 타야 한다는데 리듬은 무슨 리듬, 어지럽고 아찔할 뿐, 중심선을 잡고 앞을 멀리 바라보며 정신을

가다듬어 봐도 스릴은 공포일 뿐,
옥순봉, 옥순봉을 곱씹으며 아슬아슬한 길을 건넌다
한강옥순대교, 빨간 교각이 매력적인 다리 아래로 청잣빛
호수의 얼음을 깨고 최신식 유람선이 미끄러지듯. 하얀
물살을 가른다

# 동네 탐방


햇볕 좋은 일요일, 정오쯤 옛 동네 골목길을 걷기로 했다 이곳저곳 골목길을 따라 걷다가 아주 좁고 긴 굴을 만났다 두 사람이 겨우 비킬 수 있는 을씨년스런 굴다리를 한참을 빠져나가자, 나온 큰길, 뒤돌아보니 경부선 철길 아래다, 운동기구가 있는 아담한 쉼터에 앉아 준비해 온 간식을 먹고 마주 보이는 오밀조밀한 집들과 작은 야채밭이 정겨운 산골동네가 눈에 띈다 '괘내마을'이라는 표지석이 보인다 그 길을 지나, 외딴곳에 삿갓버섯 모양의 지붕 아래, 절집 문 사천왕의 눈을 닮은 옹이 세 개가 눈부릅뜨고 내려다보고 있는 나무기둥과 황토벽의 한 칸짜리 앙증스런 집, 그 안쪽은 또, 까만 슬레이트 지붕이 보인다, 도로와 인접한 언덕 위에 소나무 숲을 울타리 삼은 집이 아슬아슬하게 얹혀있다, 집으로 오르는 출입문은 스텐봉으로 야무지게 만들어 자물쇠가 걸려 있다, 마당도 없는 이상한 집엔 누가 살고 있나? 참 궁금하다, 돌아볼수록 옛 정취는 사라지고 빌라, 아파트만 즐비한 동네 탐방, 뭐가 그리 바쁜지 세월 가는 줄 모르고 살아온 것 같아 한편, 쓸쓸한 기분은 어쩔 수가 없다, 옛 것이 그리운 것은 나이 듦의 증거라는 것만 오롯이 가슴에 남는다,

# 3부

# 철원 한탄강 주상절리

철원 드로니 마을에서 시작된 주상절리 잔도를 걷는다
2021년 11월에 개장된 데크와 철제 출렁다리 13개교로 되어있다 현무암질 용암이 한탄강의 침식작용으로 U자형 협곡을 이룬 수직절벽과 주상절리의 비경은 한 폭의 동양화다
눈이 녹지 않은 음지는 미끄러워 조심스럽고
드로니 스카이전망대는 자연이 만들어낸 환상적인 선물 같은 것. 강화유리로 된 공중길에서 허공에 공중부양 된 듯, 아찔한 스릴과 비경을 동시에 만끽한다
전망대에서 바라본 수직빙벽에는 석회동굴의 종유석 같은 고드름이 주렁주렁 열려있다 하얗게 눈 쌓인 나무 위에서 눈덩이가 툭 떨어져 놀라기도 하고 발 아래를 내려다 보면 까마득한 낭떠러지, 얼음 아래 여울물 흐르는 소리, 발목이 빠질 만큼 하얀 눈밭에 모여앉아
점심을 먹는 풍경은 언젯적 일이던가!
임진강의 지류 한탄강 순담계곡의 부교는 다음을 기약하며 돌아오는 길, TV에서 본 중국 장가계 잔도 공사하는 아찔한 장면을 보았는데, 나는 오늘 철원에서 잔도를 한껏 걷는 호사를 누렸다 하얀 눈밭에서

# 옛 생각

정월 초하루, 한밤중에 강풍이 휘몰아치고
창문을 뒤흔드는
을씨년스러운 바람 소리가 잠을 깨운다
윙윙, 빈 병에 바람 들어가는 소리에 놀라
도깨비 출현한 줄 알았다던
순진한 그 시절 사람들
달밤에 우는 으스스한 여우 울음소리
등불이 깜박이던 강 건너마을,
멀리서 아스라이 들리던 개 짖는 소리
초저녁, 다듬이 방망이 두드리는 소리
어디선가 아련히 들려오는 베틀소리
깜깜한 그믐밤 마실 나갔던 사람들의
두런두런 이야기 소리
희미한 호롱불 아래 시간 가는 줄 모르고
사르륵, 사르륵, 책장 넘기는 소리
새벽잠을 깨우는 닭 울음소리
지금은 들을 수 없는 그리운 그 시절,
음악처럼 흐르는 옛이야기
왜 이리도 그리운지

# 겨울 산 상고대

이른 새벽,
차창 밖에는 몽환적인 그림,
한 폭의 예술이다
온 산야를 수놓은 듯,
장엄하게 그려놓은 서리꽃 잔치
잠시 피어났다 사라지는 풍광 상고대
유리창에 핀 성에의 문양을 닮은
앙상한 빈 가지 위에
칼바람이 스치고 간 빙화 한 점
설국보다 섬세하고 선이 고운
명화 한 폭
감히 여기에 무엇을 비교할까
귀한 선물처럼 다가온
겨울산이 그려 낸
하얀 눈꽃 풍경화에
이름 모를 작은 새 한 마리
고요히 앉아 있다
온몸이 오싹, 귀가 시리다

# 속리산국립공원

속리산 법주사, 찬란한 불교문화 유적을 찾아
호서제일가람 문을 통과하고 살얼음이 언 호수를 지나
눈이 내린 도로를 따라 갈대와 겨울나무가
울고 있는 산,
고드름이 빙벽을 이룬 겨울산의 찬바람과 맑은 공기가
등산객을 맞는다
암석들이 차곡차곡 쌓여있는 산을 보며,
봉긋이 떡을 담아놓은 쟁반을 떠올리게 한다
세조길을 따라 걷다가, 세심정 앞에서 김이 피어 오르는
국물을 먹고 있는 사람들을 만났다
이십여 년 전쯤이던가,
친구들과 왔다가 비를 만나 돌아갔던 곳이다
그때 기억이 새롭다
한참을 올라, 암자가 보이는 양지 쪽 작은 교량에는
'이 뭣고 다리'라고 씌어 있다 잠시 휴식을 취하라는 의미
란다 자리를 펴고 준비해 온 갖가지 음식 보따리가 푸짐
하다 나뭇가지 사이로 숨어든 햇살이 따사롭다
점심이 다 끝나기도 전에 이게 무슨 조화인가,
산골짝 냉기가 온 몸을 휘감아 돈다 급하게 하산을 할 수

밖에, 양지쪽 '이 뭣고 다리'만 건너면 암자인데 손이라도
좀 녹이고 갔으면 좋으련만, 쫓기듯 왔던 길을 돌아섰다
내 생전 문장대 오르기는 영영 글렀다
법주사 천왕문 앞에 섰다 법주사 하면 떠오르는 금동미륵
대불, 팔상전, 석연지
국보, 보물이 가득하고 천연기념물로는
정이품송(제103호), 망개나무(제207호), 황금송, 비단나무
등 대웅보전 앞. 누렇게 이끼 낀 보리수(염주나무) 세월의
덧없음이 강처럼 흐른다

# 예, 예,

4년 만에 외가에 온 외손자가 하는 말
할머니는 왜,
할아버지께 예, 예, 만 하나요?
할머니만 부를 수 있는 할아버지 호칭이야
부를 때는 길게 예에
대답할 때는 짧게 예,
할아버지는 어떻게 대답 하나요?
예? 대답은 예에

저녁에 퇴근한 할아버지가 손자들에게 하는 말
할머니가 나에게는 공주인데
왜, 너희들은 무수리 부리 듯 하는 거야
재빨리 폰을 들여다보고는 손자 왈,
부마는 공주마마에게 예, 예, 해야 하지 않나요?
할아버지, 묵묵부답
손자 얼굴만 멍하니 바라본다

# 오어사 가는 길

울고 왔다 울며 간 그 길,
여기가 거긴가
저기가 여긴가
안개만이 자욱한 길 그때도 그랬었지 오늘처럼
경주를 지나 비포장도로 흙먼지 날리는 길을
덜커덩거리는 시외버스를 타고
한가로이 나룻배 떠 있는
형산강을 건너 절벽과 마주하고는
멀미가 나고 속은 메스꺼운데
시커멓게 연기를 내뿜는 높은 굴뚝 위로는
벌건 불꽃이 끝없이 피어오르던 곳
차창에 드리워진 성애는
지우고 또 지워봐도 사방은 분간이 없는 걸
그때가 언제였던가 반세기가 지난 지금에야
그 시절 되뇌이다니
10분 후, 주차장에 도착한다는
차내 방송을 듣고서야 정신을 차리고 보니
여기가 거기더라

# 회화나무

그때처럼 피어나라
푸르게 청청하게 피어나라

주례 시장 골목 우물가에 자리했던
회화나무 한 그루
시대의 흐름에 수난을 겪은
사상구에 자리잡은 노거수
500년 수령의 마을 지킴이 수호목
경남 진주의 한 농원에서 3년을 지내다
귀향한 첫날, 화재를 당하다니
오늘도 묵묵히 사상근린공원 입구에 서서
마을을 내려다보고 있는 노거수 회화나무
온몸으로 지킨 생명

그래, 그때처럼 피어나라
푸르게 청청하게 피어나라

# 꽃과 새

봄이 오는 산비탈 밭,
흑갈색 나뭇가지에는 막 피어난
우윳빛 오얏꽃
작은 꽃망울들이 향기를 뿜어낸다
엄지 손가락만 한
아주 작은 새들이 꽃송이 위에 앉아
서로를 부른다
조금 큰 새들이 몰려와 가지 위에 앉더니
꽃을 쪼고 있다
재롱잔치 한창인 예쁜 새는 곤줄박이란다
밭 가장자리에는,
쑥이 파릇파릇, 쫑긋쫑긋 고개 내밀고
졸졸 흐르는 물소리는 봄을 부른다
유월에서 팔월이면, 생각만 해도
침이 꿀꺽 넘어가는 맛
탐스러운 자두가 주렁주렁
미리 여름을 그리고 있는 풍경
텃새인 곤줄박이 그때도 오늘처럼
모이 찾아 분주히 춤추고 있으려나

# 플라타너스

겨울이 지나고 봄이 오는 길목,
길을 걷다가 플라타너스와 마주 섰다
네 가지는 허공중에 높이 향해 뻗어가며
하늘과 손을 맞잡고 있는가
그 넉넉한 품에는 얼마나 많은
새들을 안고 있는가
네 뿌리는 강하고 깊게
대지를 꽉 붙잡고
그 속엔 얼마나 많은 꿈들이 피고 있는가
플라타너스!
내가 아직 알지 못하는 어떤
많은 것들을 간직하고 있는 너
네가 지켜온 세월은 얼마나 아팠을지
우리에게 남겨줄 것은 무엇인가
묵묵히 선 네 몸속에는 천재적 자질의
화가가 숨 쉬고 있을지 몰라
껍질에는 봄을 기다리며
새로 단장이라도 한 건지
알룩달룩 견고하게 무늬 입힌 예술은,
누구의 작품이기에 저리도 흥겨울까

# 무형 무언의 꽃이 핀다

진주 남강으로부터 푸른 학이 날아들어
터를 잡은 천년고찰
임진왜란, 6.25 전란을 겪었고
이성계, 신덕왕후의 전설이 깃든 방학교를 지나
일주문을 통과하면, 모습을 드러내는 청곡사
경내로 들어서면 정면 3칸, 측면 2칸
팔작지붕의 고색창연한 단청이
아름다운 대웅전 석가 삼존상, 업경전, 3층 석탑 등 많은
보물을 간직한 사찰에는 사철 무형 무언의 꽃이 핀다
솔향이 그윽한 울창한 송림
온갖 새들의 노래, 맑은 계곡 물소리
대웅전 처마 끝 풍경 소리와
고요함을 깨는 은은한 쇠 북소리는
속세를 향해 무형의 말씀을 전한다
작은 바위틈 대나무 대롱을 타고 흐르는
약수로 목을 축이면
머릿속을 헤집던 온갖 잡념이 이슬처럼 사라진다
나도 모르게 두 손 모아 합장한 내 그림자
죽기 전에 꼭 한 번은 가봐야 하는 청곡사

## 자고로, 여자란

나의 어린 시절, 할머니는 말씀하셨지
"여자란 말이다. 목소리가 담장을 넘으면 안 된다.
있어도 없는 듯, 언제나 다소곳해야 하느니라."
할머니의 가르침 탓인지, 책을 읽으면서도
소리 내어 읽지 않았다
두 남동생도 그랬다
우리 엄마 "너희들 책구경 하냐? 다했으면 자라."
"엄마, 공부는 끝이 없어"라고 하면
"참 희한한 아이들 다 보네."
나는 할머니 가르침대로 따랐나 보다
이웃 어른들이 자기 집 아이들을 나무랄 때마다.
"연이 본 좀 봐라."
그 바람에 친구들에게 미운털도 박혔다
나는 후회 없는 삶을 살리라
어른들 영을 거역한 적이 없었다. 싫어요. 한 적도 없었다
아참, 딱 한 번 있었다. 결혼 상대는 장남 사절.
얼마 전 친정 조카들 결혼식에서, 친지분이
큰집 연이 어딨냐고 찾았다. 내가 연이에요.
고종사촌들도 나를 찾느라 한참 걸렸다고,

사촌들은 왜 언니만 찾냐고 투덜거렸다
손님이 북적이던 그 시절은,
엄마의 고생하는 걸 보면서 자라 힘들었지만,
이 나이에 잊지 않고, 이름 불러주는 친척들이
있음은 할머니의 가르침을 잘 받은 덕이지 않을까 싶다
새벽 출근길, 넘어가는 둥근 보름달이 유난히 환하다

# 삼포길을 걷다


미포,
일출이 아름다운 미포에서
바다와 와우산을 아우르는 풍경에 젖은 가을날의 오후,
망부송과 정자 해마루와 해월정이 아름다운 달맞이공원
야경의 명소에서 저녁달을 하염없이 바라보며
베토벤의 월광 소나타에 젖어보고 싶다

청사포,
난류와 한류가 만나는 지점,
횟집과 붕장어구이집이 즐비한 작은 포구
해변열차와 스카이캡슐은 눈요기만 하고
거센 파도 소리 너머로 흑진주 빛 반짝거리는
다채로운 색깔의 몽돌 구르는 소리,
해송 가지 사이로 숨어든 청량한 바람 소리가 싱그럽다
푸른 모래는 간곳없고 다릿돌 전망대에서 바라본
방파제 위에 마주 바라보고 서 있는 쌍둥이 등대만
유유자적 한가롭다

구덕포,
비릿한 갯내음이 싫지만은 않은 포구를 걷는다
교회 앞, 가지와 줄기가 땅 위에 붙어 자라며, 나무껍질은
용비늘이나 거북이 등 같은 소나무 한 그루,
구덕포 마을 당산제를 지내는 특이한 형상의 보호수이다
주위에는 붉게 피어오른 상사화가 눈길을 끄는
알 수 없는 헛헛함에 눈시울 붉히는 가을날의 오후

# 구절초

금산 초등학교 가는 길 십리 산 고갯길에
해맑은 소녀같은 하얀 꽃무리가
가을을 데리고 온다

옛날에는 들국화는 꺾어서 교탁 위
화병에 꽂아 놓고는 했지만,
구절초는 눈에만 담았을 뿐

구절초 아직도 그 자리에 다소곳이 피어 있을까

구절초 가을의 길목에서
하얗게 내린 서리 머리에 이고
배시시 웃음 짓는 할머니 같은 표정

금산초등학교 가는 길
십리 산 고갯길에 피어나는
아무도 범접할 수 없었던 꽃
지금도 가을이면
구절초 쓸쓸하게 피어 있을까

# 진주성 연리지

푸른빛이 고요하게 흐르는 남강 위에
진주성안 창렬사와 북장대 그 중간 지점에
느릅나무와 팽나무 서로 다른 너와 나로 서있다
땅속 깊이 뿌리를 숨긴 채 꼭 껴안고 있다
교교한 달빛 아래 하나 된 나무들의 그림자가
진주성을 지키고 있다 남쪽을 향한 팽나무는 굵고
북쪽에 자리한 느릅나무는 가늘다
햇빛을 가리고 막아선 팽나무에게
느릅나무 투덜대며 원망하지 않을까?
느릅나무는 이로운 약재로 쓰이고
팽나무는 큰 그늘 드리우고 땀을 식혀주는 너그러움,
두 나무가 하나 되어
왜장을 끌어안고 남강에 투신한
논개의 순국을 깨달았을까?
사백삼십년 전 임진왜란의 상흔도 꼭 껴안은 채
목숨을 걸고 진주성을 지킨 39위의 신위를 봉안한 사당
창렬사를 지키는 연리지 느릅나무와 팽나무,
천년만년 지금 그대로 새움 틔우며
그 옛날 진주성을 지켜 주기를 빌어보는 마음

# 콩을 고르며

동생이 농사지은 콩을 잘 골라 병에 담고
생산지와 생산연도를 기입하여 상표처럼 붙였다
봄에 심어 가을걷이까지의 내력이 눈에 본 듯 선하다
송글송글 땀방울이 올망졸망 콩이 여물 때까지
손이 얼마나 많이 바빴을까
예쁜 콩알들이 농부의 발자국 소리를 얼마나 많이 들었을까
해마다 콩을 받아먹는 내가 감격하여 하는 말
"동생아, 누나 하나이기 다행이지, 두셋이었으면 어쩔 뻔
했냐" 동생, 대답 대신, "여태까지 공부했나? 공부 빡세게
하네. 열심히 해라이"라고
했던 말이 떠올라 콩을 고르다가 콩알 같은 눈물이
방울방울 흘러내린다
김장배추, 무, 마늘이 가득했던 거실, 김장이 끝나고 한가
해지자, 한쪽 구석에 놓아 둔 자루를 열어보고 콩과 들깨
가 있음을 알았다
감자, 고구마도 집에 갖다 줄 때까지 한번 가 보지도 못했다
알싸한 아픔이 온몸으로 스며든다
동생의 땀방울 먹고 자란 알곡들을 볼 때마다 내 혈육의
노고가 가슴속 실핏줄을 톡톡 끊어 놓는다

# 홍시

아침 출근시간, 어제 저녁에 남겨놓은 잘 익은 홍시 두 개
남편이 "홍시야, 잘 있거라." 홍시의 대답은 뭐였을까
예? 아니오? 하하, 홍시가 웃을 일이다
가을이면, 주렁주렁 탐스럽던 할아버지와 나의 겨울 간식
내 유년의 기억을 소환하는,
창고에서 꺼냈을 때는 아이스크림처럼 차고 달달했었지
지금은 남편이 시장에서 사온 나의 간식
하동 대봉 주문 외우 듯하며, 사온 감은 생산지와
생산자 연락처까지 표기되어 있다
퇴근 후, 집에 가서 상자를 배분하다가 놀라
입을 다물지 못했다 위쪽은 크고 아래쪽은 작은 감들
속았다는 기분을 어쩌랴, 틀림없는 15킬로그램, 44개.
한 달 후, 아니나 다를까 여태껏 먹어본 그 홍시맛이 아니다
토질과 기후조건 탓이리라 달래보지만
내년에는 홍시 절대 안 사겠단다. 그래도 미련은 남아
좋은 방법 있습니다 곶감하면 상주, 산청 기억하세요
같이 먹지도 않은 홍시는 내 몫,
지금 거실 지키는 홍시 두 개 뭐하고 있을까

## 소국과 나

환한 달빛 아래 대문 앞을 지키는
소국이 울고 있다
어김없이 하루에 두 번씩
반가운 너와 나 이제 헤어짐이
서러운 까닭인가 보다 나도 그렇다
가을 내내 곱게 피어 행복했었는데
우리를 시샘한 찬서리에
무참히 시들어 버린 모습
유수 같은 세월
우리도 비켜갈 순 없지 서러워 말거라
뿌리가 있는 한 내년에 다시 피지
참고 기다리자
머지않아 겨울 지나면
새봄이 오는 약속을
아, 그래 소국 너는
해마다 그런 희망이 있지
연연이 새로 태어나
우리와 다르게 세상을 밝히지

# 임고서원 은행나무

산수가 수려하고 사람이 살기 좋은 곳
영천 임고면, 임고서원 앞쪽에 오백 년 된
은행나무 한 그루
잎이 무성한 은행나무 늦가을이면 황금빛 은행잎이
나비처럼 날아 내리고 황금 융단을 펼쳐놓은 길을
사람들 사뿐히 즈려밟고 지나간다
임고서원에서 조금 더 가면
임강정사 바로 옆에는 문한당이 있고
담장 안 뜰에 있는 은행나무
가지 휘어지도록 열매를 품고 있다
임고서원은 충신 정몽주의 충절을 기리는 위패를 봉안한 곳,
임강정사는 전라도 관찰사를 지낸 문한당 이감을 추모하여
세워진 곳 정려각은 효성이 지극한 이감의 효심을 기려 세워진
곳이다
임고서원 은행나무는 수나무이고 임강정사 은행나무는
암나무이다 같은 고향 연일 정씨와 영천 이씨인
후세사람들의 사표가 된 두 사람
오늘도 노을빛 고운 해거름녘 두 거목은 긴 그림자를
드리우고 마주서서 바라보고 있다

## 이기대 해파랑길

지하철 경성대역에서 내려 이기대 공원로를
따라 해파랑길을 걷는다
좁은 길은 오가는 인파들로 붐비고 호수처럼
잔잔한 바닷물빛은 푸르기만 하다
구름다리를 건너 올망졸망,
해국이 고운 길을 따라
부지런히 걷다 쉬었다 하며 꽃향에 취해 보기도 하고
군데군데 자리잡고 앉아 간식도 먹고 갯바람 손잡고
오랜만에 가을을 즐긴다
오르락 내리락
길은 가파르고 뒤따라 가기엔 다리도 아파오고 숨이 차다
다리 긴 친구는 가방 가득 짊어지고 앞장서서 달아나 버렸다 오륙도에 가서 기다리겠다면서
안내하는 친구, "가다보면 눈물고개도 몇군데 있다." 그래, "우리 인생고개 같은 길이 여기 있었네."
기념사진도 남기고 농바위도 찍고, "다리 아픈 친구는 업고 갈게."라고 한다
먼저 간 토끼는 뭘 하는지 뒤처진 거북이들도
목적지가 가까워온다

주위를 두리번거리다 눈에 들어온 머리 하얀 토끼
풀밭에 자리를 펴놓고 전을 펼치고 있다
갖가지 과일, 수육, 생선회, 음료로 속을 채우고는
점심은 못 먹겠다며 바닷가에서 풀어놓는
옛 추억 보따리 끝이 없다
5시쯤 시내 들어와 장어구이로 한 끼를 채우고는,
날씨가 차다 집에 가서 월동준비 해야겠다
화분들을 실내로 옮겨야지 했더니 "집에 가서 화분 옮기고
다리 아프다고 소송하지 마라 내가 엄청 바쁘다이."
다음 날 "다리 아픈 사람 없냐?" 하고 메시지가 온다
"아프다고 할 줄 알았지?"라고 답한다

# 어묵 때문에

이른 새벽, 첫차를 타고 서울 예식장에 갔다 돌아오는 길,
오후 7시쯤 부산역에 내렸다
역내에서 눈에 확 들어온 환공어묵,
나도 모르게 매장으로 뛰어 들어갔다
많은 사람들을 헤집고,
줄을 서서 원하는 어묵을 집는데,
매장에는 빈 쟁반이 더 많다
행동이 빨라야 하나 더 내 몫이 되는....
한 개가 얼마인지 어떻게 먹는 건지 생각도 하지 않았다
남편이 밖에서 빨리 나오라 야단이다
깜짝 놀라 쟁반을 들고, 계산대 앞에 섰다
그때, 내 손에 들어온 계산서 7개의 가격은 24,400원,
그때서야 상황 파악을 하고 놀란 토끼눈이 되었다
어묵을 들고 나오자, 어떻게 먹는 건지 알아?
몰라요. 하며 엉거주춤 서 있다
젊은 사람들이 먹는 간식이건만,
어쩌자고 아이처럼 날쌔기도 하지,
휴게실에서 전자렌지에 한 두어 개 데워 먹더구만,
하는 핀잔이 귀를 울린다

내가 원한 건 이게 아닌데, 반찬용이었는데
핀잔만 듣고 기분만 상했다
그들의 얄팍한 상술과 인파에 끌려, 이성을 잃은
나의 어리석음에 자존심만 바닥을 쳤다
집에 도착하여, 하나씩 먹어봅시다, 하고
먹어본 환공어묵, 저녁밥도 못 먹고,
정신줄 놓은 어처구니없는 하루가 어묵에 묻혀버렸다

# 가을 풍속도

시골집 앞마당에 펼쳐진 21세기 풍속화
한켠에 고소한 향기 그윽한 들깨를
널어놓고, 알찬 메주콩, 검은 콩, 토란, 고구마를
펼쳐놓고 빨랫줄에 앉아 재잘거리는 이름 모를 새,
나에게 긴 막대기를 쥐어주며 대청마루에 앉아 새를 쫓으란다
새는 보이지 않고 조용하여 한눈 판 사이
새들 떼지어 내려앉아 들깨를 훔친다
막대기를 흔들자, 날아가기는커녕,
들깨 나무 아래 숨어서 날 희롱한다
노래하는 줄 알았더니
제 가족들을 불러모아 잔치를 벌인다
새 쫓기보다 차라리 풍속도라도 그려볼까
조선시대 김홍도의 풍속화는 아니더라도
나의 21세기 풍속화 말이다
도리깨로 콩과, 들깨를 두드리자 열매 떨어지는
소리가 후두둑, 그 아래 소복히 쌓인 콩과, 들깨
선풍기로 먼지를 날려보내고 키질도 하고 나니 깨끗해진
곡식들, 풍성한 수확에 마음 한 가득, 풍요로운 가을저녁이
따사롭다

# 콩점 보기

추수한 햇콩 상 위에 올려놓고
상을 살살 흔들어 주면
또르르 경주하듯, 콩들이 구른다
잘난 놈들 데구르르 말도 잘 듣는다
못나고 덜된 놈들은 꿈쩍 않고 버틴다
달래고 얼러봐도 그 자리를 고수하다가
개구쟁이 어린애 같은 밉상쟁이는
미련 없이 쓰레기통으로 직행한다

착한 모범생은 잘 말린 페트병에
넣어 진열한다
내년에 심을 씨앗이 되기도 하고
내 요리 솜씨 뽐낼 재료도 될 것이다

똑같은 밭에 한날한시에 심어 놓고
정성껏 가꾸었는데
어찌하여 갈 길이 서로 다른지
콩의 세계도 토질에 따라 금수저, 흙수저가 있나 보다
내년에는 금수저들만 열렸으면 좋겠다

# 그립다

2006년 10월이던가, 어느 일요일
선약도 없이 아침 일찍 걸려온 친구의 전화
대운산에 가잔다 해야 할 일이 있어 망설이는데
울산 친구들도 온단다
남편이 "일은 내가 할 테니 친구 만나러 가요"라고 한다
서면에서 출발, 양산 덕계 마트에서 삼겹살과
약간의 간식도 준비해 대운산 초입에 이르렀다
자그마한 암자 옆 주차장에 내려, 계곡을 따라 산길을
오르는데, 경사가 너무 가팔라 길을 오를 엄두가 나지
않는다 "나는 도토리나 주우며 놀고 있을게"라고 했지만
천천히 가면 된다고 야단이다
그들에 이끌려 오르는 길, 앞이 보이지 않을 만큼
정신이 몽롱하다 험난한 비탈길을 한참 오른 후에야
정신을 차렸다 한 친구가 이쪽저쪽 건너뛰며 싸리버섯
채취하는 게 보였다 비로소 숨을 쉴 것 같다
나도 싸리버섯을 채취할 수 있게 되었고, 산 능선을
오를 수 있었다 산 정상에서 내려와 중허리쯤에 자리를 펴고,
울주 온양 운화리 쪽에서 올라온 울산 친구들과 만났다

남자들은 식사 준비를 하고, 여자들의 수다는 끝이 없다
싸리버섯 다듬는 친구 옆에서, 나도 버섯을 다듬는다
친구가 싸리버섯을 건네주며 "이것 보태라 한 접시 될거야"
먹는 것보다는 재미로 딴 건데,
친구들이 차려준 점심을 맛있게 먹고, 학창시절 이야기를
꽃피우는데 갑자기 빗방울이 후두둑 떨어진다
아쉬움만 남긴 대운산 가을비에 짐 챙기고,
비옷 입고 도망치듯,
산을 내려오는 길, 가을비에 산길은 흙탕물로
도랑이 되었고, 개울을 어떻게 건넜는지,
서면에 도착해서 시원한 복국으로 저녁을 먹었던 그날,
그 친구 이제는 기억만 또렷할 뿐, 학창시절 웅변을 잘했고
동창모임에 오면 고기를 잘 굽던 추억만 남긴 그 친구 생각,
10월이 오면 대운산, 지금도 봄 뻐꾸기 울고 가을이면 붉게
익은 도토리와 싸리버섯이 한창이겠지

4부

# 가을 스토리


가로등 불빛이 무지갯빛 달무리를
그리고 있는 상쾌한 아침
드높은 파란 가을하늘 저편,
하얀 새벽달이 동그마니 떠 있다

고슴도치처럼 날카로운 침을 곧추세운 채로
겁도 없이 뛰어내린다
땅에 부딪히는 순간 활짝 핀 꽃이 된다
아, 그리고
반들거리는 보석들

아침 일찍 일어난 새가 모이를 줍는다지,

똘망똘망한 두 놈이 내게로 굴러들어 왔다
'늦다 빨리 타.'
'전생에 혹시 거지 삼시랑은 아니었는지 몰라'
길에 차를 대놓고 기다리는 남편의 핀잔
그러거나 말거나,
손바닥을 오므렸다 폈다 소중한 보물인 양
만지작거리며 다시 나무를 쳐다본다
새로 시작하는 아침이 뿌듯하다

# 생일 선물

깊어가는 가을,
안개가 자욱한 이른 아침
선물상자 하나를 받았다
진주 운석빵,
'행운과 함께'를 상징한다는 청년창업으로
만든 아이디어 제품이란다
내 표정을 살피며,
사슴눈 같은 눈망울 굴리는 동생
보지 않아도 내 마음의 창에 거울처럼 비친다
예순 줄에 든 막냇동생,
지금도 내 눈엔 어린아이 그대로
그래도 마음은 깊어,
두레박으로 퍼낸 깊은 우물의 시원한 물맛이다
빵을 사기 위해 길게 줄을 서서 기다려도
지루한 줄 몰랐단다
하늘에서 떨어진 돌멩이처럼 우습게 생긴 빵,
하나씩 나눠 먹는 재미 따뜻한 동생의 마음은
하늘에서 떨어진 행운의 운석보다 더 귀한
내 마음의 운석이었다

## 다대포에서

일몰의 명소, 다대포 해수욕장
붉게 물든 노을빛에 젖는다
해는 바다와 가까워지고
나도 점점 바다와 하나 되는 마력

은빛모래 밟으며 걷는다
뽀드득, 뽀드득,
포근한 고운 모래 위에 하나, 둘,
내 흔적 남기는 작은 발자국
앞만 보고 걷다 뒤돌아 본다

길게 늘어선 내 발자국
내가 밟고 있는 이 길,
문득 솟구쳐 오르는 눈물,
살아온 날들이 말없이 나를 바라보고 있다
얼마나 많은 사람들이 걸어 갔을까

푸른 바다와 파란 하늘빛이 고운
가을날의 다대포에서
하늘을 가로지르는 비행기 소리 들으며
지금도 나는 향기로운 삶의 보랏빛 꿈을 꾼다

# 참깨를 볶는 날이면

물에 불려 건져놓은 참깨를
달궈진 팬에 쏟아붓고 저어준다
서서히 볶이는 참깨
깨가 쏟아지는 행복감이
고소한 향기로 퍼지기 시작한다
팬에서는 참깨가
따닥 따닥 노래하고
나무주걱은 내 손잡고 춤을 춘다
시간이 흐를수록
노릇노릇 참깨 튀는 소리
흥겨운 발장단에
신나는 리듬의 참깨 볶기
소담스런 찬그릇마다
고소한 깨소금이 뿌려지듯
오늘도 내일도 행복해지고 싶은 소망
참깨를 볶는 날이면
왠지 모르게 깨처럼 쏟아지는 행복감

# 손을 맞잡고

내일 구포장에, 오리랑 전복 사러 가자던 남편,
날이 훤히 밝아오는데 일어나지도 않고
어떡하나, 잔머리만 굴린다
아침을 먹는 둥, 마는 둥,
시장 갈 수 있냐는 물음에 대답이 없다
퇴원 후, 식욕이 없어 기운을 못 차리는 남편의 부탁,
나라도 정신 차리자 큰맘 먹고 용기를 내어 보는데,
덜컥 겁부터 먼저 난다 환자 두 사람이 가방 하나씩 메고,
구포장 인파 속에 합류했다
조심스레 인파를 헤집고, 야채와 과일 몇 가지를 샀다
참깨도 한 되 사고, 오리와 전복을 사서
집으로 향하는 길, 뭔가 허전하다
갈치 사서 찌개 끓여 먹잔다 갈치 사고 새우 오젓 한 통 사서
돌아오는 길, 손을 맞잡고 서로 챙긴다
지나가는 사람들의 힐끔거리는 눈빛,
남의 속도 모르고, 출퇴근 길에서 만나는 동네 사람들,
참 저 부부 정답다. 하는 말도 놀림감 같더니
'너도 나 되 봐라.' 이건 아닌데, 텅 빈 가슴이 아리다

# 백무동 단풍

백무동 계곡 초입,
온 산 단풍이 절정이다
낙엽이 소복히 내려앉은 가을 산길
창창한 하늘과 숲 아래에는
일 년 내내 마르지 않는다는
백무동 계곡물
여전히 여름처럼 흐른다
물소리와 새소리는
청아한 선율이 되고
보기만 해도 눈이 즐거운
백무동 계곡의 가을
열매들이 오색 단풍이
주렁주렁 열린 나무들 사이로
은은한 솔향이 풍겨온다
이름 모를 야생화도 곱게 피어있다
인파와 어우러져 진풍경이다
단풍도 사람도 모두 물드는
백무동 단풍놀이

# 억새와 갈대스케치

삼락생태공원에서 동문 걷기대회가 있던 날,
지하철 사상역에서 친구들과 공원까지 걸었다
소슬바람에 실려 온 꽃향기에 취해 버렸다
'이 꽃 이름이 뭐지?' '붉은 꽃댕강나무'
'꽃댕강! 꽃댕강!' 친구가 '잊어버릴라 폰에 저장해라' 한다
걷기가 시작된 코스, 강 옆으로 마주 보고 선 억새와 갈대
고개 꼿꼿이 세운 억새,
큰 키자랑, 잎새 자랑하는 쭉정이 열등생
잎새 바스락거리며 떠는 수다.
그 뒤로 늘어선 옛 친구들 얼굴
갈대, 다소곳이 고개 숙인 갈대, 영락없는 모범생
더벅머리에 교모 눌러쓰고 아래만 보고 묵묵히 걷는다
'누구 생각하냐?' '동전 한 닙 주웠냐?'ㄷ
놀림 당하던 그 친구 지금 어디에서 무얼 하는지 소식도
없다 강가, 갈대 사이에 한 무더기 꽃무릇 피어있는 강가,
누구지? 빨리 오라 재촉하는 친구의 말에
'여기, 정자 있다.' '그 냅두고 너만 오라카이.'
잠시, 학창시절로 돌아가 선후배와 친구들과의 아련한
추억 소환이 정겨운 하루

# 어느 슬픈 날

구덕산 솔바람이 산자락에 숨어드는 날
나에게는 가슴 아픈 날이 될 줄이야,
꿈결처럼 무심히 시선을 고정한
병실 천장 해맑은 얼굴의 긴 머리 소녀
상큼한 복숭아 빛 얼굴이 왜 슬퍼 보일까
깊이 고개 숙인 소녀의 얼굴이
5년 전, 일본 나가노 산악에서 본 골프장 인근
원시림을 방불케했던 특이한 폭포로
나만의 화면이 떠있다
9월 5일, 곱던 노을 아스라이 사라지고
구덕산 천문대 위에 밝은 불빛이
환하게 나를 지켜본다
네 개의 불빛이, 조부모님, 부모님 같은,
시간이 지날수록 더 밝게 빛난다
그 불빛은 날이 새도록 꺼지지 않았다
네 분이서 밤새도록 지켜보시나 보다
어린 시절 꿈결 같은 밤이었다
오늘 밤도 네 분이 그 자리를 지킬 것이다
나도 잊지 않고 그 시절을 그릴 것이다

# 추석 이후

책을 보다가,
불을 끄고 자리에 누웠다
갑자기 머리가 뱅글뱅글 맵을 돈다
눈을 뜰 수 없는 상황이 펼쳐지는 요지경 속에서
흔들흔들 춤을 춘다

비틀비틀,
어지럼증이 나를 안고 물레방아처럼 돈다
천장이 오르락내리락
가까워졌다 멀어졌다 그네를 탄다

시간이 흐른 후,
정신을 차리려고 일어서려다
다시 비실비실,
울렁증에 주저앉아 버렸다

엉금엉금,
거북이 걸음으로 기어 냉장고 문을 열고 생수를
벌컥벌컥, 들이키는
어이없는 명절 증후군

# 때늦은 후회

지난밤,
태풍의 위력에 무참히 허리 꺾인
은초롱꽃 나무
삼십여 년을 같이한 나무
가을이 온다며 긴 꽃대 두 줄 힘차게 올리고
수많은 은초롱 주렁주렁 부푼 꿈 키우더니
펼쳐 보기도 전에
꺾여버린 허망한 은초롱꽃,
사철 푸르고 든든한 파수꾼처럼 대문 앞에 버티고
서 있을 때는 당연한 줄 알았는데
지지대라도 세워 줄걸
그 빈자리의 소중함을 느끼는 어리석음
부질없는 후회만 남은 '힌남노'의 애꿎은 흔적

# 승학산에 올라

은빛 머리 풀어헤친 억새꽃이
너털웃음 웃고 있다
푸르던 젊음은 어디 가고
흰 머리카락 흩날리는
노인이 된 쓸쓸한 모습으로
작은 바람에도 물결되어 출렁인다
가을꽃이 된 억새밭 위로 파란 하늘 빛과
하얀 뭉게구름만 한가로이
억새평원을 스쳐간다
간간이 서있는 외로운 소나무 사이로
붉은 석양이 출현한다
승학산 억새밭과
낙동강 갈대밭을 아우르는
아름다운 낙조가 현기증을
일으키도록 황홀하다
학이 웅비하는 듯한, 승학산 정상에 서서
조금은 쓸쓸한 가슴을 안고 바라보노라면
가슴에서 한맺힌
억새울음이 파도치는 소리

# 불영계곡

절벽처럼 깊이 내려앉은 계곡
편마암으로도 빼어난 풍경이다
바위 틈새에 꿋꿋이 뿌리내린 금강송의 당당함이라니
계곡물과 갈대가 어우러진 왕피천 봇도랑길
사정없이 휘감아 꺾이는 물보라는 예술의 절경을 남겼다

시원하게 흐르는 물속에는 은어가 파닥이고
가을을 데리고 온 붉은 단풍은
왕피천 봇도랑에 제 몸을 비춘다
천축산 불영사 불영지에는
절 서쪽 부처바위 내려와 묵언수행 중

# 청개구리

돌구유 안, 작은 분수대 눈부신 햇살에 물구슬 풀어낸다
청개구리 한 마리 물옥잠을 배 삼아 개굴개굴 뱃놀이 중이다
노 삼아 가느다란 나뭇가지 하나 뱃전에 얹어놓고
청개구리 동태를 살핀다 사뿐히 나뭇가지에 올라앉았다

살짝 나뭇가지를 들고 자갈마당 한가운데 내려놓고
청개구리 사진을 찍으려는 찰나, 홱 돌아앉아 버렸다
내가 앞으로 가면 또 돌아앉기를 여러 번,
내가 너 해코지할 사람으로 보이냐?
너 제대로 한번 찍겠다는데
'자갈마당엔 너 보호색 없다' 너 뒤태로 만족할 수밖에

눈 돌린 사이 사라져버린 청개구리
옥잠화 위에 납작 엎드린 청개구리 발견,
찍으려다 놓쳐버렸다 그래 내가 졌다
너는 보호색, 나는 경계색
너는 너 방식대로 반대로만 하는 청개구리일 뿐,
파랗던 하늘이 희뿌옇게 변덕을 부린다
비 오겠다 청개구리 놀라 개굴개굴 울어댄다

# 커플 운동화


떠나는 사람과 보내는 사람의 마음이 드넓은 창공에
무늬처럼 떠돈다 떠나는 이는 가뿐한 마음으로 보내는 이는
서운한 마음으로 텅빈 가슴 몰래 안고 하늘을 바라본다
공항을 벗어 나와 허전함 달랠 길 없어
낙동강변에 주차를 하고 벚나무 둑길을
하염없이 걸었다 잘 정비된 가운데 길은 인도, 길 양옆은
자전거 전용도로, 군데군데 쉬어갈 간이의자 신세도 지고
고요한 정자에 앉아 낙동강을 바라보기도 하고,
독립투사의 흉상과 시비를 따라 이은상 시도 낭송 해 본다
손자들에게 주려고 가지고 갔던 음료, 과일, 빵은
도리어 우리의 간식이 되었다 정자에 앉아 쉬는 동안
갈매기 두 마리가 갈대숲으로 날아들었다
앞에 걷고 있는 남녀커플 부부는 아닌 것 같다
왜냐하면, 그들은 횡대로 나란히 도란도란, 우리는 질서
유지를 위해 묵묵히 종대로, 이런 기분, 이십 년 전
아들군대 있을 때 휴가 왔다 갈 때도 이 길에서 돌아서지 못해
서성거리며 여기저기 배회했던 일이 왜, 새삼스레 생각이
난 건지, 돌아오는 길에 커플 운동화를 사 들고
아이처럼 환하게 웃었다

# 전복죽


몇 년 전 여름밤의 추억이 새롭다
완도 앞바다가 눈에 아른거린다
허허로운 마음 가득 채워줄 뭔가를
찾아 서성이는 이른 아침
풀벌레 소리는 왜 이리도 처량한지

넘실대는 파도는 내 마음 한 자락을
가슴에 끌어안고 철썩인다

파르스름한 색감과 발그레한 고명 같은
눈물겨운 사랑이 완도 사랑이다
그건 나만의 내리사랑이다
한 달이 훌쩍 지나 준비된 이별의
시간은 어김없이 다가오고
아쉬움의 눈물로 간을 맞춘
보글보글
끓고 있는 냄비 속 갯내음 품은 전복죽,
까슬까슬한 입맛을 돋울 내사랑이다
전복죽은
이 허허로운 내 마음 알고 있을까

# 가족은 아름답다

팔월 뙤약볕,
남편과 둘이 백양산 둘렛길을 걷는다
예전에는 가볍게 걷던 길이 왜 이리 버겁기만 한지
자연과 더불어지는 마음만 가득하고
발길에 걷어 채이는
노송의 옹이만큼이나 원망만 쌓인다

돌아오는 길.
공원 작은 정자에 앉은 우리 두 사람 눈에 들어온 양의
우리에는 털복숭이 두 마리, 몸통은 하얗고 머리와 목이 까만
수컷, 베이지색 깡마른 암컷, 지금은 귀여운 새끼 두 마리가
늘어 여섯 마리가 살고 있다
생명의 탄생은 경이로운 일,

한 지붕 두 칸 방에 여섯 식구가 다복하게 사는 양들,
새끼 한 마리는 머리와 목이 검고 몸통은 하얀 수컷을 닮았다
몸집이 조금 작은 한 마리는 흑진주 목걸이에
까만 구두를 신었다

먹이를 먹다 음매~, 음매~, 하고 엄마 찾아 허둥댄다
누워있던 어미가 나오자 냉큼 따라 들어가는 어미 바라기
그때서야 수컷이 나와 먹이를 먹는다
인간 세계나 동물 세계나 다를 바 없는 세상살이
아래쪽, 유럽 정원에는 풍차와 튤립이 있는 네덜란드 정원,
에펠탑이 있는 프랑스 정원을 지나 수국이
큰 정원을 차지하고 있는
한가로운 사상근린공원의 하루가 저문다

# 하모! 잘될 거야!


등산객들이 즐겨 찾는 월아산 초입에 호수가 있다
수심이 깊고 울창한 송림에 둘러싸인
경관이 수려한 금호지

호수 중앙에 있는 다리를 건너면
소망이 이루어진다는 소망교가 놓여있다
호수 한켠에는 다소곳이 웃고 있는 연꽃이 곱고
시원스레 내뿜는 분수는 속이 다 후련한 서풍이다

소망교에서 바라보면,
진주의 마스코트 '하모'를 볼 수 있다
진주 사투리로 상대방의 말을 긍정하는 뜻인
방언에서 이름을 따온 수달을 의미하는 '하모'는
진주 목걸이와 조개로 진주시를 표현한 귀여운 모습이다

4월이면,
둘렛길에 여러 종류의 벚꽃이 피는
내 고향 진주는 늘 자랑스럽고 그리운 곳이다
하모! 잘될 거야!
하모!

# 아라 홍련

아라가야 옛터 함안에서 곱게 핀다는 아라 홍련
세상에서 제일 밝은 등이 진흙 속에서 피어올라,
고색창연한 향기와 영롱한 빛을 발한다

700년 전 고려 시대의 연꽃 씨앗이 발아하여 피운 꽃
아주 청명한 대낮에 아라가야 숨결이 빛이 되어 퍼진다

진녹색 든든한 줄기, 깊고 오래된 메아리를 부여잡은
잎새들, 둥근 씨방을 감싸 안고 혼불처럼 피어 올랐다
내리쬐는 8월의 뜨거운 태양 아래
꿋꿋하게 일어선 아라가야의 얼

넓은 들판 푸르고 붉게 수놓은
천년의 귀한 자태 속마음만은 들키지 마라
겉마음은 우리가 지켜보는 것

## 보름달


유월 보름, 보름달이 아파트 꼭대기에
수박처럼 둥실하게 걸려있다

온 가족이 둘러앉아 잘 익은 수박
한 통 나눠 먹고,
수박껍질 모자 삼아 머리에 쓰고
차례로 사진 찍는 보름밤,
보름달 동무 삼아 사진 찍어 달라는 손자와
사진 찍는 할아버지의 달빛 받은
둥근 등

귀신 잡는 해병대, 해안매복초소 서치 라이트
강렬한 불빛처럼 유난히 밝은 보름달을 바라보는
할아버지 청년시절 추억
손자들도 덩달아 추억 하나 선물 받고,
어른도 아이도 수박처럼 둥글둥글

보름달도 환하게 함박웃음 벙글벙글
유월 보름밤은 깊어만 간다

# 나는 그저 시 생각뿐

여름방학을 맞은 손자들이 4년 만에 고국에 왔다
우리 부부 두 명이던 가족이 다섯 명이 되었다
반가움보다 걱정이 앞서는 손자 맞이
손자들의 주문
할아버지가 구워주는 소고기, 돼지고기, 눈 있는 고기,
할머니의 김치, 잡채, 전골 하며 노래하듯 주문하며,
맛있게 먹는 입만 봐도 마음은 흐뭇하다
구포 장날, 중복을 보내며 삼계탕을 끓여 주기 위해,
다섯 명이 시장 구경을 하며 토종닭 두 마리를 샀다
인삼, 전복, 대추, 마늘을 넣고 끓인다
구수하고 쌉싸름한 향이 코끝을 간지럽힌다
완성된 삼계탕, 나는 더위에 지쳐 먹고 싶은 생각이
멀찌감치 사라져 버렸다
남편과 딸, 손자, 넷이서 이틀을 포식한 삼계탕
내 머릿속엔 오직 시 생각뿐, 멍하니 앉아 있는 나,
초등학교 4학년 손자가 할머니 시제만 줘 봐요 하더니,
술술 자작시 열두 편을 읊는다
한참 웃느라, 잠시 잊었던 시 걱정은
그대로 남아 나를 슬프게 한다

# 산은 어머니를 형상한다


진주에서 부산으로 돌아오는 길,
함안쯤이었으리라
고속도로에서 마주한 산 능선
반듯하게 배를 누인 와불 닮은 듯,
만삭의 여인처럼 배가 부르다

산중허리쯤에 편안하게 자리 잡을 것이지,
가파른 거친 길을 마다 않고
부풀은 배 쓸어안고 저 높은 곳에 올라 누워있는
그 깊은 뜻을 내 어찌 알리오

부풀은 배는 자식을 품듯,
크고 작은 노송을 품었다
거대한 바위도 품었다

아직 한 번도 남자를 형상화한 산은 본 적이 없다

저 만삭의 산은 온갖 고통을 끌어안은
세상 어머니들을 형상화하고 있다

# 매미처럼 시를 쓰고 싶다

한밤중에 우는 매미 소리가
맴맴 야단스럽게 운다
어쩌라구?
창가에 비치는 불빛이 싫다고?
거슬리면 네가 떠나라
절이 싫으면 중이 떠나야 하는 법이지
난, 공부해야 된다구
시를 노래해야 된다니까
한낮에는 시원하게 들리는 매미 소린데
한밤중 매미 울음은 시끄럽기 짝이 없다

땅속에서 굼벵이로 7년, 빛을 볼 수 있는
바깥 세상살이 겨우 보름을 산다는데,
참, 애달픈 삶의 마지막 몸부림
보름을 살기 위해 7년을 견디는,
매미의 생을 되돌아본다
맴맴, 자지러지는 한밤의 노래가
아우성치는 곡비들의 곡성처럼 되어 버렸다

# 가을을 기다리며

삼복더위 막바지 말복 잘 익은 고추를 따서
반쪽씩 가위로 잘라 대소쿠리에
소담스레 담아 말린다
장마가 지나고 폭염에 숨이 차다
빨간 날개옷 입은 고추잠자리들,
소쿠리를 맴돌더니 쓰담, 쓰담, 어루만지고 간다
마지막 매미 울음 자지러지고,
귀뚜라미 울음이 구슬프다 가을이 가까이 오나 보다

해 질 녘, 눅눅해질까 서둘러 고추 바구니 들여놓고
목마름에 지친 고추나무와 화분에도
물을 듬뿍 주는 선심도 쓰고
대추와 무화과도 잘 익기를 바라며 날마다 물을 준다

꽃이 지고 줄기 마른 화분도 깨끗이 정리하는 여유도 부린다
어디서 날아왔는지 비둘기 한 마리
힐끔, 힐끔, 고추씨를 줍고 있다
올가을엔 내가 담은 깔끔한 김치가 입맛을 돋울 것이다

# 저녁노을


서낙동강 너머 활활 타오르는 저녁놀
흐르는 강물 위에 내려앉았다
허공중에서도,
출렁이는 푸른 강물 위에서도
노을은 황홀하게 타오르고 있다

차가운 바람은 허공중에 맴돌고
떨고 있는 키 작은 꽃댕강나무 위에는
플라타너스가
잎을 떨구어 소복이 이불 덮어준다
앙증맞은 꽃들이 빼꼼이 고개 내미는 저녁

휑한 들판 위에는 길 떠나는 철새들 높이 날고
둥지 찾는 텃새들의 날갯짓이 바쁘다
찬서리 뽀얀 들길에 홀로 핀 들국화는
길 잃은 사슴처럼 허둥대고 있다

# 선인장

밤과 낮의 기온 차가 심하고
삭막한 사막에서 자란다는
가시 돋힌 화분 하나 내게로 왔다

앙칼진 가시 침은 수분 증발이나
동물의 공격을 막기 위함이란다
두꺼운 줄기로는 물을 저장한다고

줄기에 작은 가시 주머니가 자라나
나팔처럼 긴 꽃대 올리고
보름쯤 후에는,
긴 꽃봉오리가 열리며 연분홍 꽃을 피우지만
24시간만 지나면 마법처럼 하얗게
변한 꽃잎이 나팔을 접고,
시들어 사라져 가고 마는 선인장

생존을 위한 바둥거림의 시간은 길고
꽃을 피울 수 있는 황금기는 잠시뿐,
일 년에 한 번 피어나는 꽃
아쉬움만 남긴 채.
내년을 묵묵히 기다려야만 하는가 보다

박계연 시집 『돌탑 사이로 꽃등이 흔들리고』 해설

# 꽃과 인고, 그리고 춘화현상에 대한 사색
−사는 날까지 자신을 사랑하는 법−

박 정 선
(문학평론가)

1

―자연은 사계절 꽃을 피운다. 그러나 모든 꽃의 대명사인 봄에 피는 봄꽃은 혹독한 겨울 추위의 연단을 통과해야만 한다.―

 시인은 많다. 그러나 한 사람의 시인이 탄생한다는 것은 쉬운 일이 아니다. 그런데 한 권의 시집이 탄생한다는 것은 더욱 어려운 일이다. 한 권의 시집을 세상에 내놓기까지 시인은 길게는 10여 년을 사색해야 한다. 사람도 태아기 열 달이면 태어나는 데 비하면 한 권의 시집은 그야말로 각고가 아닐 수 없다. 박계연 시인이 첫 시집을 내는 것도 10년이 훨씬 넘은 것으로 알고 있다. 그는 남다른 시 쓰기의 길을 걸어왔다. 중간에 큰 교통사고로 사경을 헤매다 기사회생한 후에도 시 쓰기를 포기하지 않았다. 사실 시 쓰기는 흥취 나는 일이 결코 아니다. "시인의 밤은 외롭고 쓸쓸하다/ 긴 밤을 하얗게 지새워도/ 원하는 시 한 구절 못 쓰고 뒤척인다"(「울고싶다」)는 박 시인의 고백대로, 저 홀로 고독한 사색의 길을 걸어야 한다. 먼저 문학이라는 학문을 공부해야 하고, 여러 가지 책을 읽어야 하고, 남의 시를 무한정 읽으면서 문학적 소양을 쌓아야 한다. 그리고 언제나 시를 창작하는 분위기에서 숨 쉬어야 한다. 그럴 때 비로소 시 쓰기가 가능해진다. 타고 난 선천적인 재능은 사실 2차 적인 문제이다. 천재 과학자 에디슨도 노력이 8할이라면 재능은 2할에 불과하다 했고, 또는 요즘 혜성처럼 떠올라 온 세계를 감동의 도가니 속으로 휘몰아 넣은 천재 피아니스트 임윤찬도 "영감이 떠오르지 않으면 억지라도 영감을 만들어 내기 위해 노력한다"고 했듯이 예술의 길은 자기와의 부단한 싸움을 해야 하는 길이다.

  박 시인이야말로 남다른 노력과 집념을 보여준 시인이다. 매미가 우는 소리를 들으며 "매미처럼 시를 쓰고 싶다"(「매미처럼 시를 쓰고 싶다」)고 했는데, 매미처럼 시를 쓰고 싶다는 것은 열정을 넘어 이상을 시사한다. 열정은 잠재된 능력이 표출되는 현상으로 박 시인은 문학적 재능을 충분히 타고 났다. 우선 유머 감각이 풍부하다. 위트와 기지도 엿보인다. 그리고 유니크한 성향도 보이는데, 이런 조건은 낙관적인 사고와 낭만성을 보유하게 마련이다. 따라서 무거운 주제도 가볍게 접근하는 시법으로 시를 빚어낸다. 그는 일상에서 발견하는 꽃이나 자연, 그리고 산이나 유적지 등을 찾아다니는 여행을 즐기면서 자연에 깊이 심취함을 보인다.

첫 시집 『돌탑 사이로 꽃등이 흔들리고』에 실려있는 작품 대부분이 자연을 대상으로 하고 있다. 물론 인간은 자연과 친하게 마련이다. 인간도 자연의 일부인 탓도 있거니와 인간이 살아가는 조건 제1은 자연이 바탕이기 때문이다. 그러나 시인은 단순히 자연을 좋아하는 것에 그치지 않는다. 자연에서 인간의 희로애락과 멋과 진리를 발견한다. 그리고 그것들로 하여 깨달음을 얻는다. 시는 삶에 대한 반성적 의식이나 인생을 관조하는 안목을 강화시켜 주는 역할을 하기 때문이다. 그리고 시인은 시공時空을 초월하여 사물과 인간의 거리를 조율하는 사람이다.

박 시인의 시는 여행이든 자연이든 추억이든 사물에 대한 관찰과 그에 따른 묘사가 매우 섬세하다. 아무리 하찮은 사물이라도 그의 의식이 닿은 것이라면 그냥 지나치지 못한다. 이는 다름 아닌 "진정한 예술은 창조적인 예술가의 견딜 수 없는 충동에 의해 생긴다"는 아인슈타인의 말을 증명해준다 할 것이다. 그렇다. 박 시인은 오직 시 생각뿐이다. "여름방학을 맞은 손자들이 4년 만에 고국에 왔다/ (…) /반가움보다 걱정이 앞서는 손자 맞이/ 손자들의 주문/(…) / 구포 장날, 중복을 보내며 삼계탕을 끓여주기 위해 시장 구경을 하며 토종닭 두 마리를 샀다./ (…) / 남편과 딸, 손자, 넷이서 이틀을 포식한 삼계탕 / 내 머릿속엔 오로지 시 생각뿐, 멍하니 앉아있는 나, /(…)"(「나는 그저 시 생각뿐」)라고 고백한 대로 멀리 외국에서 딸네 가족이 4년 만에 귀국했고 손자들이 주문한 음식을 하느라 시를 쓸 시간이 없었을 것, 그래서 시인은 "멍하니 앉아있는 나"라는 진술에서 짐작할 수 있듯이 시를 쓰지 못하자 공허에 빠져있는 모습을 발견할 수 있다. 그리고 이것은 시인다운 열정으로 상상력과 관계되는데, 박 시인의 시에서 상상력의 중대성을 발견하게 된다.

2

시인은 시를 쓸 때 비로소 행복해지는 법, 모든 것은 직관력과 상상력의 힘에 의해 좌우되는 것이다. 즉 마중물에 의해 지하의 물이 지상으로 올라올 수 있듯이 사물을 보고 느끼는 것은 상상력이라는 세계를 통과해야 비로소 예술로 탄생하게 된다. 그러니까 사물은 시인의 눈을 통해 그 무엇으로 태어나게 되는 것이다. 그러므로 사물과 시는 별개이면서 하나가 되는 것인데, 상상력의 완성자 코울리지에 의하면 상상력은 체험단계와 창조단계로 나뉜다. 창조를 위한 예술적 작업은 체험 자료에 형태와 모습을 부여하는 일이다. 상상력은 단순히 거울처럼 그대로 모방하는 것이 아니라 창조적 원리인 탓이다. 그러므로 사물과 시는 별개이면서 하나가 되는 것이다. 시인은 사물을 통해 자기의 정서와 감정과 사상을 조명하게 되며 거기에는 반성이 있고 '참된 시란 깨달음의 수단'이라는 휠록의 말대로 깨달음이 존재하게 되는 것이다.

그렇다면 박 시인의 상상력은 어떤 주제에서 어떤 방식으로 드러나는 것일까. 그것은 곧 체험이 제공하는 과거의 추억이라는 진료에 따른다. 인간은 누구나 싫든 좋든 과거가 생산하는 추억이 있게 마련이다. 인간은 태어나 말문이 트이고 사물을 인지할 정도가 되면서부터 과거를 기억하는 능력을 갖게 되고, 그때부터 추억이 존재하게 된다. 생각해보면 체험을 거친 과거는 보이지만 아직 체험 전 단계인 미래는 보이지 않는다. 인간은 삼차원 세계인 상하, 좌우, 전후의 공간과 시간을 축으로 살고 있다. 그리고 시인은 이 모두를 시로 표현해내는 능력을 갖고 있는 존재이다. 과거는 한 사람과 자연의 모든 것이 또는 어떤 사물이 지니는 특수한 공간을 갖게 된다. 그리고 시인(모든 시인)은 거기에 감정이라는 피를 수혈하게 된다. 피는 생명에 대한 상징으로 부활을 의미한다. 시인은 과거에 감정을 불어넣어 과거를 현실처럼 부활시킨 것이다. 박 시인의 섬세한 직관력이 만나는 사물의 내재성은 그의 예민한 관심과 상상력에 의해 생명력을 얻게 된 것이다. 이는 박계연의 장점이자 특징이라 할 것인데 무엇을 쓰든 박 시인은 꽃을 거친다.

꽃이란 대체 무엇일까, 수선화 하면 워즈워스를 떠올릴 정도로 영국의 낭만파 시인 워즈워스는 꽃과 친근했던 것으로 유명하다. 영국 최초 낭만주의 문학 선구자였던 워즈워스는 소박한 시골 사람들의 감정을 중시하여 그들이 사용하는 언어야말로 시에 가장 알맞은 언어라고 주장하면서 전통적으로 전해오는 기교적인 시어를 배척했다. 그러면서 자연, 특히 꽃을 가까이 했는데 「수선화」 가운데 "은하수에 반짝이는 / 별들처럼 이어져/ 물가 따라 끊임없이 줄지어 피어 있는 수선화/(…) /시인이 어찌 흥겹지 않으리"라든지 "고독의 축복인 마음의 눈에/ 수선화들이 반짝이네/ 그럴 때면 내 가슴 기쁨에 넘쳐/ 수선화와 함께 춤을 추네"라는 진술은 소박함과 순수미를 자랑한다.

박 시인 또한 꽃이라는 순수함에 몰입한다. 꽃은 진, 선, 미에 대한 상징이다. 또한 평안과 축복의 상징이다. 따라서 누구든 꽃을 향하여 인상을 찌푸리는 사람은 없다. 꽃 앞에서 화를 내거나 근심하는 사람도 없다. 누굴 기쁘게 할 때, 위로할 때, 축하할 때 우리는 꽃을 선택한다. 그런데 꽃은 단순하지가 않다. 인간에게 가장 좋은 것을 주기 위해 꽃 또한 인고의 시간을 거쳐야 한다. 이것을 생물학자 트로핌 리센코(Trofim Lysenko)는 춘화현상春花現像이라고 했는데, 인간의 삶과 다르지 않다. 따라서 인간과 가장 가까운 식물이 꽃이며 정원에서 키우기를 즐기게 된 것이다. 그리고 시인들은 꽃에서 인간의 춘화현상을 발견하게 되는 것이다. 따라서 "비가 꽃을 만나니 비도 꽃이 된다"는 것은 사물에 대한 관찰의 경지를 보여준다. 이는 생명에 대한 애정과 경외심까지 동반하고 있다.

> 비가 꽃을 만나니 비도 꽃이 된다
> 꽃이 비를 만나니 꽃도 비가 된다
>
> 비가 쏟아지기 전에, 서둘러 퇴근을 했다
> 집에 도착하기 전 마지막 신호대 앞에서,
> 송해공원 분수 같은 폭포수를 만나다니,
> 우산도 무용지물이다 번개가 번득이고
> 우레가 쉴 새 없다 경부선 철길 아래 지하도에
> 우두커니 서서 비가 잦아지기를 기다렸다
> 대문 앞에 도착할 즈음, 현관 앞 자스민 생각에
> 계단을 건너뛰듯, 마음이 급해진다
> 물폭탄 세례에 향기는 사라지고 없다
> 그래도, 빗속의 보랏빛 꽃비
> 옥상에 있는 제라늄을 찾아본다
> 제라늄, 함초롱이 붉게 피었다
> 꽃잎마다 미끔은 빗물
>
> 비가 꽃을 만나니 비도 꽃이 된다
> 꽃이 비를 만나니 꽃도 비가 된다
>
> - 「꽃이 비를 만나니」 전문

"비가 꽃을 만나니 비도 꽃이 된다/ 꽃이 비를 만나니 꽃도 비가 된다"는 대구법을 사용해 꽃과 비와 꽃의 어울림을 한층 더 부각시키는 구조를 취하고 있다. 그리고 꽃과 비가 만나 새로운 세계를 여는 아름다운 이상을 잘 보여준다. 비 오는 날 서둘러 퇴근한 화자는 결국 비를 만난다. 그리고 집 "대문 앞에 도착할 즈음, / 현관 앞 자스민 생각에 / 계단을 건너뛰듯, 마음이 급해진다"는 진술은 꽃을 피운 자스민 화분을 안으로 들여놓기 위해서가 아니다. 비를 만난 자스민을 한시라도 빨리 보고 싶은 까닭이다. 화자는 다시 옥상으로 올라가 제라늄을 본다. 화자는 꽃잎마다 빗물을 머금고 있는 제라늄을 보면서 비와 꽃이 꽃과 비가 하나로 동일시 됨을 발견한다. 이는 감각적 이미지를 매우 신선하고 청신하게 다가오게 한다. 즉 붉은, 혹은 보랏빛 꽃의 청신한 시각과 비의 서늘한 촉감을 독자들에게 전달한 것이다. 그리고 "비가 꽃을 만나니" 비도 꽃이 된다는 것, "꽃이 비를 만나니" 꽃도 비가 된다는 것은 조화를 비롯하여 상호보완, 상호협력을 함의하기도 한다. 더 넓게는 비라는 사물이 꽃을 만날 때 꽃 같은 세계를 열어 보인다는 것, 꽃은 비를 만나 비의 세계를 각각 열어 보이는 심오한 철학을 담지하고 있다. 이와 같은 철학은 꽃에서 꽃으로 계속 점강법으로 이어진다.

## 3

모두에서 언급한 대로 자연의 꽃으로 꼽힌 꽃은 사계절 핀다. 그러나 모든 꽃을 대표하는 봄에 피는 봄꽃은 혹독한 겨울 추위의 연단을 통과해야만 한다. 어린 개나리도 제비꽃도 민들레도, 진달래도…, 그래서 봄꽃은 눈물겨운 환희를 안겨주게 된다. 박 시인이 채택한 꽃들은 모두 봄꽃들이다. 가냘프지만 강인한 것, 새로운 희망과 기다림과 그리움을 안겨주는 봄꽃을 중심으로 창작의 세계를 열어간다. 그러니까 박 시인은 꽃의 춘화현상에서 진정한 삶의 의미와 진정한 미를 추구한 것이다. 그러나 꽃은 피면 지게 마련, 지는 꽃도 시인의 눈에는 또 다른 의미를 던져준다. 「모란이 지는 날」은 허무의 세계를 노정한다.

> 교회 마당 가에
> 덩실하게 피어 있는 모란
> 가느다란 줄기 끝에
> 달처럼 흰하다
> 아침마다 눈 맞추던 꽃인데
> 오늘,
> 하얀 미소를 보내며
> 쓸쓸히 사라져 간다
> 꽃은 지면 어디로 갈까

하늘에 뜬 하얀 낮달이
꽃잎인 양 말없이 이쪽을 바라보고 있다

- 「모란이 지는 날」 전문

앞의 작품 「꽃도 비를 만나니」에서 보여준 심오한 사색은 「모란이 지는 날」에 닿고 있다. 모란과 아침마다 눈 맞추던 시간이 끝나버린 허무는 더 큰 세계를 열어간다. 그것은 인연일 수도 새로운 만남일 수도 있다. 세상의 모든 인연은 시작과 끝이 있는 법, 어떤 인연이든 시작은 뜨겁지만 끝은 허무하다. 모란이 활짝 피었을 때와 지는 때의 대비는 이런 식으로 많은 것을 생각하게 한다. 즉 꽃이 화려할수록 져버린 뒤의 허무는 더 크게 마련, 시인은 져버린 모란의 빈 가지를 바라보며 '꽃은 져서 어디로 가는지'에 대하여 천착한다. 그것은 곧 인간은 결국 어디로 가는지에 대한 고뇌에 다름아니다. 꽃이 비를 만나는 것, 비가 꽃을 만나는 것은 결국 무의 세계임을 암시한다. 즉 인간의 허무를 꽃을 통해 보여준 것이다. 또한 인간의 영혼을 꽃에 대응시킨 것이다. 이와같이 박 시인의 작품은 꽃을 대상으로 하는 시가 많다. 앞에서 인용한 작품 「꽃이 비를 만나니」, 「모란이 지는 날」부터 시작하여 「함박꽃」, 「자스민 향기」, 「찔레꽃 필 때면」, 「찔레꽃」, 「제라늄」, 「매화」…, 등등의 꽃에 대한 작품은 유년 시절과 무관하지 않다. "가녀리고 약하게 태어난 손녀"를 위해 할아버지가

"함박꽃처럼 화사하게 자라라는/ 기원을 담아 정성 들여 꽃을 심었다"는 「함박꽃」의 진술에서 꽃에 기울인 관심과 애정의 근원을 확인할 수 있다.

> 고향 집 마당 한켠에 / 얼굴 붉히는 수줍은 소녀처럼
> 연분홍 탐스러운 꽃들이 / 무성한 잎새를 물고 무리 지어 다가온다
> 가녀리고 약하게 태어난 손녀
> 할아버지는 함박꽃처럼 화사하게 자라라는 / 기원을 담아
> 정성 들여 꽃을 심었다 // 댓잎 바스락대고 / 소쩍새 울던 봄밤
> 환한 달빛 타고 내려앉은 / 별빛 같은 꽃들 다소곳이 피어나
> 작은 바람 데려와 진한 향기 흩날릴 때 /
> 꽃처럼 살라며 머리 쓰다듬어 주시던 손길
> 지금도 또렷한 기억 속에/ 고요히 피어나는 어진 미소
> 나 지금 그 깊은 뜻, / 가슴 깊이 새기며 살아가고 있는 건지
> 꽃들을 향해 가만히 물어본다
>  - 「함박꽃」 전문

꽃처럼 살라는 기원으로 함박꽃을 심었다는 할아버지에 대한 화자의 기억은 곧 시인의 추억이다. 풍성한 큰 꽃송이를 자랑하는 함박꽃은 말 그대로 함빡 웃는 모습으로 평화스러운 모습을 하고 있다. 또한 함박꽃의 풍성함은 따뜻함과 품어 안음을 상징하기도 한다. 따라서 할아버지는 연약하게 태어난 손녀가 함박꽃처럼 자라기를 바랐을 것이며 아울러 언제나 풍요롭고 평화스럽게 살기를 염원하는 마음이었을 것이다. 시인은 이제 그때 할아버지의

나이가 되어 함박꽃을 바라보며 "나 지금 그 깊은 뜻, / 가슴 깊이 새기며 살아가고 있는 건지"를 생각한다. 즉 함박꽃은 할아버지가 남긴 간접유언으로 시인의 가슴속에 각인 되어 있음을 말해준다.

「함박꽃」뿐만 아니라 시인의 꽃에 대한 추억은 주로 고향 집과 가족에 근원을 두고 있는데 「하얀 눈물」, 「찔레꽃」, 「지금은 다 가고 없는데」에서도 고향과 가족에 대한 추억을 꽃을 통해 피력한다. 함박꽃이 꽃과 할아버지에 대한 추억이라면 「하얀 눈물」은 민들레와 할머니에 대한 추억이다. 그리고 「찔레꽃」은 어머니에 대한 그리움을 「지금은 다 가고 없는데」는 아버지에 대한 그리움을 묘사하고 있다.

① 달래도 그칠 줄 모르는 울음/ 할머니 손에 이끌려 뒤돌아보고
또 돌아보는 그때 아이의 눈물
내 나이 고희를 맞도록 잊혀지지 않는/ 민들레의 그 하얀 진액
돌이켜 생각해보니 그건/ 민들레의 처절한 눈물이었어

- 「하얀 눈물」 중에서

② 오월에 별이 되신 우리 어머니
애절한 그리움이 / 은은한 찔레꽃 향기로 다가오네
// 보고 싶다
사랑한다는 말 한마디 못 해보고/ 별처럼 슬프고 달처럼 서러운

눈물로 서리서리 엮는 봄날
하얀 찔레꽃 하늘 가득 하얀 손수건 흔드네

-「찔레꽃」중에서

③ 4월이면, 고향 집 뜨락엔
그윽한 옥매화 향이 물안개 되어 피어난다
(…)
밤마다 달빛이 내려앉은 뜨락에는
하얀 날개옷 나폴거리는 천사의 춤사위
그 속에 나를 닮은 함박꽃은/ 반짝이는 수만 개의 별을 품었다
가시를 숨긴 보리수나무
예쁜 꽃 곱게 피워 6월이면 새콤달콤 열매
// 집을 감싸 안은 대나무 숲의
싱그러운 속삭임과 새들의 재잘거림도
나의 전용 그네 만들어주신 아버지
지금은 다 가고 없는데/ 눈앞에 그린 듯이 선하다

-「지금은 다 가고 없는데」중에서

①은 네 살 때의 기억을 소환한다. 봄이 막 시작되고 민들레가 피어나기 시작할 때 아이는 민들레 앞에서 걸음을 멈춘다. 할머니는 민들레를 뚝 꺾어 아이 손에 쥐어 준다. 그런데 아이는 갑자기 울음을 터트린다. 아이는 민들레의 줄기에서 흘러나오는 하얀 진액을 아픔으로 본 것이다. 그래서 민들레가 죽을 것이라는 슬픔을 감지한 것이다. 그러나 네 살짜리 아이는 죽음이 무엇인지 아픔이 무엇인

지 알았을 리가 없다. 할머니는 아이가 꽃을 갖고 싶어 하는 것으로 알고 꽃을 따 주었으나 아이는 꽃을 욕망하지 않았던 것이다. 그리고 시인은 지난날 체험을 그때 할머니 나이가 되어 네 살짜리 아이의 심리를 해명하는 것이다. 이것을 일러 우리는 상상력이라고 부른다. 앞에서 말한 대로 상상력은 단순히 거울처럼 사물을 그대로 모방하는 것이 아니라 사물은 시인의 눈을 통해 그 무엇으로 태어난다.

②는 어머니에 대한 그리움을 불러일으키는 객관적상관물이다. 일반적으로 찔레꽃은 넓게는 우리 민족성, 또는 민중과 서민을 상징하는 대표적인 꽃이다. 구한말 일본이나 만주로 또는 블라디보스토크 등으로 이민 간 가난한 한인들이 봄이면 피어나는 찔레꽃을 보며 고국을 그리워하는 정서를 많은 문학작품에서 만날 수 있다. 따라서 찔레꽃은 총체적으로 어머니를 상징한다. 모국은 곧 어머니의 나라라는 정서를 담고 있기 때문이다. ③은 고향 집 옥매화와 아버지에 대한 추억을 묘사하는 것으로 제목에서 말해준 대로 다 가고 없는 빈집의 쓸쓸함을 보여준다. 이렇게 고향 집과 가족과 꽃은 나이를 먹어가는 시인에게 애절한 그리움을 불러일으키는 역할을 하고 있다.

그리고 꽃은 봄과 짝을 이룬다. 물론 여름꽃 가을꽃 겨울꽃도 있다. 그러나 한 해의 시작과 함께 피어나는 봄꽃은 모든 꽃을 대표한다. 자연에서 주로 시를 발견하는 박 시인은 봄꽃과 함께 봄을 즐기는 현상을 보인다. 봄은 생명이 싹트는 생명의 계절인 만큼 시도 희망적인데 다음 작품은 흥미롭게도 봄을 아들로 치환하는 대담성과 낭만성을 보여준다.

> 맑은 봄 맑은 하늘 아래 / 멀리 보이는 산 능선 위에
> 눈송이처럼 하늘하늘 내리는 봄
> //고속도로변 푸른 솔, 활짝 핀 벚꽃 / 노란 개나리 꽃잎 사이로 푸른 잎이
> 쫑긋쫑긋 엿보는 봄
> 흐드러진 벚꽃 보따리, 터질 듯한 아기 볼 같기도 하고
> 가을밤 쏟아질 듯 / 무수한 별빛 같기도 한 봄
> 하얀 자두꽃망울, 새파란 청보리밭 / 생기 아래 희망이 퐁퐁 샘 솟는 봄
> // 저-어기, 분홍 복숭아꽃 아래
> 에스키모인의 이글루를 닮은 특이한 무덤도 파래지는 봄
> 높은 나뭇가지 위 까치집에도 가득히 담기는 봄
> 바람 위 진달래 수줍게 고개 내미는
> //산모롱이를 돌아 고향 집에 닿았다
> 지난가을에 심은 쪽파, 봄비를 잔뜩 머금고
> 파릇파릇 생기를 찾았다 / 콩나물을 유난히 좋아했던 내 아들
> 환하게 웃는 얼굴이 눈에 아른거린다
> 고명으로 쪽파가 제격이지, 노래 부르기를 좋아하고
> 시를 좋아하는 봄빛 같은 내 아들이 / 봄보다 더 환하게 가슴 속을 채운다
>
> -「봄, 내 아들 같은 봄」 전문

'내 아들 같은 봄'이라는 표현도 흥미롭거니와 이 작품은 감각 이미지가 매우 뛰어난 특징을 갖고 있다. 즉 "멀리 보이는 산 능선 위에 / 눈송이처럼 하늘하늘 내리는 봄" / "노란 개나리 꽃잎 사이로 푸른 잎이 쫑긋쫑긋 엿보는 봄" / "가을밤 쏟아질 듯 / 무수한 별빛 같기도 한 봄" / "에스키모인의 이글루를 닮은 특이한 무덤도 파래지는 봄" / "높은 나뭇가지 위 까치집에도 가득히 담기는 봄"에서 보여준 대로 비유법이 돋보인다. 눈처럼 하늘하늘 내리는 봄은 부드럽고 따뜻한 이미지를 완성한다. 개나리 꽃잎 사이로 푸른 잎이 쫑긋쫑긋 엿보는 봄은 사랑스러운 이미지를 발산한다. 에스키모인의 집 이글루를 닮은 무덤도 파래지는 봄은 평화스럽다. 높은 나뭇가지 위의 까치집에 가득 담긴 봄은 허공까지 채운 봄으로 절묘한 표현이다. 시인의 눈에 비친 봄은 살아서 움직인다. 비유는 이와 같이 시를 살아 움직이게 하거나 한 장의 그림처럼 보여주는 이미지를 만들어 내는 역할을 한다. 이는 박 시인의 감각과 세밀한 관찰과 상상력의 힘에 의한 결과이다.

## 4

인간은 언어로 소통하며 감정을 표현한다. 그리고 시는 우리가 사용하는 언어로 되어있다. 그러나 시의 언어는 일반적인 언어와 뉘앙스가 다르다. 그래서 시는 산문에 비하여 빈약하기 짝이 없는 짧은 글임에도 독자에게 감동을 준다. 그 이유를 일반적으로 "시는 서정적 주체가 환기하는 정서를 통해 독자의 정서에 직접적으로 호소함으로서 단숨에 독자의 정신세계에 영향을 주기 때문"이라고 하는데, 그것보다 더 중요한 것은 시인의 섬세한 감정 탓, 상상력 탓이다. 박 시인은 마치 꽃의 빛깔처럼 단호하고 분명, 명확한 감정을 사물에 투입한다. 그것은 흔들리며 살아가는 우리네의 삶 자체로 형상화된다. 다음의 「돌탑 사이로 꽃등이 흔들리고」는 그 대표적인 작품이다.

작약 세 송이가 / 대문 밖으로 나와 누구를 애타게 기다리고 서 있다
하나, 둘도 아닌 셋이서 말이다 / 참 곱고 예쁘다
산복도로를 건너 오르막 산길에 접어들자,
숲이 우거진 / 그나마, 그늘이 드리워진 길을 쉬엄쉬엄 오른다
찔레꽃 하얗게 피고,
아카시아 꽃 주렁주렁 주머니 속 향기를 터트린다
오를수록 가파른 언덕배기에, 작은 돌 하나하나를 모아
정교하게 쌓아 올린 돌탑 사이로 꽃등이 흔들리고,
무슨 의미인지 몰라도 기도하는 절실한 마음이었으리라
산골짜기 심한 비바람을 견디며 살아온,
가지가 뒤틀린 두 그루 나무가 그 곁을 지킨다
계단 길을 한참 오른 후, 산사에 닿았다
산사 옆에는, 아슬아슬하게 절벽을 버티고 선
암벽을 끌어안은 담쟁이들과,
바위 틈새에 뿌리내려 / 구불구불 휘어진 소나무 한 그루,

발아래 세상을 내려다보며 누구를 위한/ 간절함을 담아
오늘도 기도하고 있는지 몰라

- 「돌탑 사이로 꽃등이 흔들리고」 전문

　시집의 표제작이기도 한 「돌탑 사이로 꽃등이 흔들리고」는 작약을 통해 삶의 의미를 구사하고 있다. 시인을 대리한 화자는 작약을 필두로 찔레꽃, 아카시아 꽃을 거쳐 산사를 찾아간다. 산사로 가는 산길에서 먼저 돌탑을 만난다. 산사로 가는 길에는 울긋불긋한 등이 걸려있는 것으로 짐작된다. 그리고 돌탑 사이로 보이는 꽃 같은 등은 바람에 흔들릴 수 있다. 그런데 이런 경우 그냥 "꽃등이 흔들린다"고 할 수 있음에도 "돌탑 사이로 꽃등이 흔들린다"고 한 것은 돌탑의 의미를 살리는 일이다. 그리고 "흔들리는 꽃등"은 도종환 시인의 "흔들리지 않고 피는 꽃이 어디 있으랴"는 사색과 같은 맥을 취한다. 흔들리지 않고 살아가는 삶은 없기 때문이다. 돌탑은 지나가는 객들이 소망을 담아 돌 한 개씩을 얹어 놓으면서 올라간 탑이다. 한 사람 한 사람이 돌 한 개씩을 얹어 놓은 탑, 위를 향하여 쌓아 올린 '탑'은 기원을 상징하며 돌 한 개마다 소박한 꿈과 순수한 서민 이미지를 창출한다.

　근사하고 웅장한 사찰의 탑이 아니라 오며 가며 누구나 한 개의 돌을 얹는 탑에서 시인은 비로소 인간이 소망하는 의미를 깨달은 것이다. 불교에서 말하는 무無의 공空 사상을 보여준 것이다. 그리고 화자가 산사에 도착하기 전에 미리 돌탑과 흔들리는 꽃등을 만난 것은 사찰에 도달하기 전에, 미리 마음을 닦는 수행의 과정을 함의한다. 이와같이 어디서든 사색하며 성찰하는 태도는 하늘 아래 어디나 사찰임을 의미한다. 아울러 삶이란 과정일 뿐이라는 것을 암시한다.

5

시를 쓰는 일은 자신을 사랑하는 방식이다. 문학은 자신을 스스로 치료하는 카타르시시의 효용을 가지고 있는 탓이다. 더욱이 인간에게는 타자로부터 인정받고 싶은 매우 긍정적인 욕망을 가지고 있다. 그래서 세상은 오늘보다 내일이 발전하게 되는 것이다. 우리 속담에 놀러 나간 놈 몫은 있어도 자는 놈 몫은 없다고 했다. 노력하지 않는 자는 성과가 없다는 비유법이다. 시를 쓰는 일은 자신뿐만 아니라 남을 사랑하는 일이다. 누군가 그 시를 읽고 영혼이 위로받을 수 있으며 새로운 삶의 방향을 발견할 수 있기 때문이다. 자는 잠에서 화들짝 깨어날 수 있기 때문이다.

무엇을 해도 나이를 먹고, 하지 않아도 나이를 먹는다. 그렇다면 몸을 움직일 수 있고 생각할 수 있는 능력만 있다면 무엇인가를 해 볼 일이다. 무엇을 한다는 것은 자신을 사랑하는 일이기 때문이다. 보편적으로 나이가 들면 하던 일도 그만두는 것이 일반적이다. 그런데 역으로 젊어서 못했던 일을 하는 사람들도 많다. 그런 사람들이 가끔 세상을 놀라게 하는데, 일본 시인 시바타 도요(1911-2013)가 좋은 예가 될 것이다. 『약해지지 마』라는 시집을 낸 시바타 도요는 1911년생으로 2010년 100세에 시집을 출판했다. 그리고 2013년 103세를 일기로 세상을 떠났다.

도요는 10세 때 가세가 기울어진 탓에 식당 등에서 더부살이를 해야 했다. 20세에 결혼했으나 폭력 때문에 6개월 만에 이혼했다. 33세에 식당 주방장과 재혼하여 아들 하나를 낳고 살다가 81세에 사별했다. 남편과 사별한 도요는 혼자 살면서 아들의 권유로 시를 쓰게 된 것이다. 그때가 90세였다. 도요의 시집은 세계적인 베스트셀러가 되었다.

"그 나이에 그건 해서 무얼 하나"라는 말을 하는 사람이 있다. 도요가 90대 고령에 시를 쓰기 시작했을 때도 주변에서 그런 말을 했을 것으로 짐작할 수 있다. 그러나 아무것도 하지 않으면 아무 일도 일어나지 않듯이, 90세의 도요가 시를 쓰지 않았더라면 오늘날 우리가 시바타 도요라는 이름을 거론할 일이 없을 것이다. 더욱이 도요가 책을 남긴 것이 중요한 것은 그녀의 명예를 넘어 지구상의 수많은 사람들에게 희망을 주었다는 사실이다.

사람은 싫든 좋든 가족을 비롯하여 친구, 직장, 그리고 이런저런 주변인들과 관계를 맺으면서 살아가는 사회적 동물이다. 서로 위로하고 협력하면서 살아가는 반면 상처를 주고받을 수도 있으며, 좋은 일은 잠깐이고 힘든 일이 더 많은 것이 현실이다. 따라서 사람은 누구나 하고 싶은 말이 가슴에 쌓이게 마련이다. 글을 쓴다는 것은 바로 이런 속마음을 밖으로 퍼내는 일이다. 시바타 도요는 말년에 짧은 시 몇 줄로 자신의 삶을 말끔히 치유하고 세상을 떠났다고 할 수 있다. 즉 사는 날까지 자신을 사랑하는 법을 터득한 것이다.

박 시인 역시 70대의 고령이다. 시 쓰기는 60대 초반부터 시작한 것으로 알고 있다. 더욱이 건강이 좋지 않은 몸으로 여기까지 왔다. 첫 시집은 첫 열매이다. 첫 열매 다음의 열매는 더욱 통통하게 열린다고 한다. 앞으로 제2집, 제3집이 줄지어 나오기를 기대한다. 꽃의 세계를 마음껏 꽃피워가기를 빈다. 박 시인에게는 그런 능력이 충분하기 때문이다.

# 돌탑 사이로
# 꽃등이 흔들리고

**초판1쇄 발행** 2024년 7월 15일

**지은이** 박계연
**펴낸이** 이길안
**펴낸곳** 세종출판사

**주소** 부산광역시 중구 흑교로 71번길 12 (보수동2가)
**전화** 051－463－5898, 253－2213~5
**팩스** 051－248－4880
**전자우편** sjpl5898@daum.net
**출판등록** 제02-01-96

ISBN 979-11-5979-694-4 03810

정가 13,000원

이 책은 저작권법에 따라 보호받는 저작물이므로 무단전재와 무단복제를 금지하며,
이 책 내용의 전부 또는 일부 내용을 재사용하려면 사전에 저작권자와 세종출판사의
동의를 받아야 합니다.

* 잘못된 책은 교환해 드립니다.